CONVERSATION IN PORTUGUESE: POINTS OF DEPARTURE

NEIL MILLER
ADELPHI UNIVERSITY

Available in the same series from

D. Van Nostrand Company
450 West 33rd Street
New York, New York 10001

CONVERSATION IN FRENCH: POINTS OF DEPARTURE, 2nd Edition
(Bonnell - Sedwick)
CONVERSATION IN GERMAN: POINTS OF DEPARTURE, 2nd Edition
(Bonnell - Sedwick)
CONVERSATION IN ITALIAN: POINTS OF DEPARTURE
(Paolozzi - Sedwick)
CONVERSATION IN SPANISH: POINTS OF DEPARTURE
(Sedwick)

The copyrighted illustrations in this book are reproduced by permission of D. Van Nostrand Company, New York.

The contents of this book are adapted from the above editions with the permission of Professor Frank Sedwick, of Rollins College, and D. Van Nostrand Company.

Copyright © 1977 by Neil T. Miller

Library of Congress Card Catalog Number 77 - 86350

ISBN 0 - 9601444 - 1 - 2

ALL RIGHTS RESERVED. Manufactured in the United States of America.

Published by Neil Miller
747 Bruce Drive
East Meadow, New York 11554

Cover designed by Neil Miller and Nicholás Carbó

PREFACE

CONVERSATION IN PORTUGUESE: POINTS OF DEPARTURE is an adaptation of the already successful series originated by Frank Sedwick and published by the D. Van Nostrand Company. This book may be used on various levels, from beginning through advanced. Naturally, the beginning student will be asked to do less with each lesson, while the more advanced student will be expected to show a greater command of vocabulary and structure, as well as demonstrate a more developed means of self-expression.

Although the text may be used as the only recommended book for certain courses, it is primarily thought of as a supplementary text. It may accompany grammar, literature, or culture texts and allows for vocabulary enrichment and practice in conversation. Writing skills may be sharpened as well, since the questions in each lesson may be answered in both oral and written form. The one-sentence answers of the "Perguntas" and "Análise do Desenho" advance to the more detailed responses required by the "Temas."

Perhaps the strongest point of this text is its flexibility. The chapters may be studied in any order and do not progress in order of difficulty. The lessons are self-contained and, although some are related to others in general content, they do not depend upon the others for their success.

The text itself presupposes an already existing knowledge of the basic points of grammar and verb usage. However, the chapters themselves sometimes allow for the teaching and/or review of certain forms within the structure of the questions themselves. As the subtitle of the text suggests, each lesson merely serves as a "point of departure." The vocabulary list in each lesson may be used apart from the picture and questions. The picture may be used without the other sections, or just with the vocabulary. This may be especially true for the less advanced students. Also, as a "point of departure," it is hoped that each lesson will inspire free discussions in related areas, with some related to culture and others to the students' own interests. As stated by Mr. Sedwick himself, the lessons are "as modern, universal, and youth-oriented as possible. [We] are cast into a series of questions whose ultimate aim is to expand conversations from, rather than limit them to, the picture at hand."

The question of whether to follow a Continental or Brazilian format has been answered as follows: we have tried to accommodate both. In the vocabulary, terms common to both countries have been included as often as possible, with additional words when necessary. Teachers may review the lessons with the students and have them learn either all of the expressions, or merely those which fit better into the goals of the course. In the questions, the student is exposed to a variety of forms. We have focused on the most widely acceptable ones. Once again, the book's flexibility allows the teacher and students to gear themselves toward the preferred forms.

There is also ample space on both the picture and vocabulary page and the questions page to allow the text to be used in workbook fashion, if desired, and to allow the teacher to suggest additional vocabulary and/or questions and themes.

Acknowledgments

My special thanks to Professor Frank Sedwick, and Mr. Ernest Rothschild of D. Van Nostrand Company, for their permission to prepare this text, their cooperation, suggestions and kindness. I also wish to thank Linda Leite, Avelino Pais, Dolores Roethel and countless students for their assistance and comments related to the preparation of the manuscript.

N.M.

Dedicated to Ellen, Amy and ...

ÍNDICE

Índice	1	A Estação do Caminho de Ferro	52
O Telefone	2	O Porto	54
Os Companheiros de Quarto	4	O Correio	56
As Companheiras de Quarto	6	O Hotel	58
O Salão de Conferências	8	A Ementa (A Lista)	60
A Biblioteca	10	As Finanças Familiares	62
A Dança (O Baile)	12	O Banco	64
O Corpo Humano	14	A Barbearia	66
O Calendário	16	O Salão de Beleza	68
A Família	18	O Hospital	70
O Lar-A Casa	20	A Persuasão	72
A Cozinha	22	A Publicidade	74
O Quarto (A Casa) de Banho	24	O Jornal	76
A Mesa	26	O Teatro	78
O Ténis	28	Os Ofícios	80
Na Praia	30	O Faz-tudo	82
A Vida ao Ar Livre	32	A Praça Principal	84
A Piscina	34	O Jardim Zoológico	86
A Loja Para Homens	36	O Tempo	88
A Loja Grande	38	As Águas	90
O Supermercado	40	O Mapa	92
A Farmácia	42	O Firmamento	94
A Loja de Animais Domésticos	44	Numbers	97
O Automóvel	46	Regular and Selected Irregular Verb Conjugations	98-106
A Estação de Serviço	48		
O Aeroporto	50		

to telephone-chamar, telefonar, fazer uma chamada, telefonema
to dial-marcar, indicar um número
to make a long distance call-telefonar na rede telefónica interurbana, fazer uma chamada de longa distância
to cut off-cortar a linha
to dial direct-telefonar directo *(marcar directamente)*
to hang up-interromper, cortar a ligação, desligar o telefone
to call collect-fazer uma chamada pagável no destino, de preço revertido
to accept the charges-aceitar os custos
to pick up-levantar o auscultador
to resort to-recorrer a, fazer uso de
to wait-esperar
to hear-ouvir

telephone-o telefone
receiver-o auscultador
pay telephone-o telefone público
long distance-longa distância
telephone bill-a conta telefónica
telephone book-a lista telefónica
telephone booth-a cabine telefónica

local call-uma chamada local
station-to-station-uma chamada comum
person-to-person-de pessoa a pessoa
operator-o, a telefonista
telephone number-o número de telefone
area code- o indicativo, o código (de zona)
party line-a rede telefónica
private line-a linha privada, particular
dial tone-o sinal *(o sinal de marcar)*
switchboard-o quadro ou painel de distribuição
wire-o cordão, o fio; o telegrama, a linha
digit-o dígito, o número
minimum charge-o preço mínimo
content-o conteudo
sure, certain-certo
the line is busy-a linha está ocupada*, impedida*
hello-alô, olá, está lá?

O TELEFONE

Análise do Desenho

1. Quem é que telefonou a quem? Como sabe com certeza? Porquê?
2. Em que tipo de telefone é que o moço está a falar(falando)?
3. Em que mão é que a moça tem o auscultador?
4. Descreva a conversação.
5. De que parte do auscultador sai o cordão?

Perguntas

6. Diga o número de telefone da sua casa.
7. Quantos números tem o indicativo?
8. Porque custa mais uma chamada de pessoa a pessoa do que uma entre estações?
9. Se não se pode telefonar directamente, a quem se recorre para fazer uma chamada de longa distância?
10. Quanto custa uma chamada local?
11. O que você faz geralmente se ao telefonar a linha está ocupada?
12. O que você faz se se interrompe a comunicação durante uma chamada de longa distância?
13. Descreva uma lista telefónica.
14. Prefere uma rede telefónica ou um número particular?
15. O que é um painel de distribuição?
16. Se você quer fazer uma chamada e não sabe o número, o que pode fazer?
17. Você conhece alguém que aceite uma chamada cobrável no destino?
18. Quando é que se ouve o sinal?
19. Quando custa menos uma chamada de longa distância?
20. Quantos minutos correspondem ao preço mínimo duma chamada?

Temas

1. O meu pai e a conta telefónica.
2. Como fazer uma chamada cobrável no destino de longa distância.
3. Uma conversação telefónica.

```
to listen-escutar
to play an instrument-tocar
to study-estudar
to ski-esquiar, andar de esqui
to smoke-fumar

room-o quarto, a sala, a divisão
roommate-o companheiro de quarto
         a companheira de quarto
dormitory-o dormitório
wall-a parede
window-a janela
windowsill-o peitoril da janela
ski-o esqui
poster-o cartaz, "poster"
key-a chave
key ring-a argola para chaves;
         o chaveiro de argola
cigarette-o cigarro
cigarette butt-o toco de cigarro, aponta
cigarette package-a caixa de       de cigarro
    cigarros, o maço de cigarros
cigarette lighter-o isqueiro
```

```
ashtray-o cinzeiro
radio-o rádio
lamp-a lâmpada, o candeeiro
light-a luz
bottle-a garrafa
guitar-a viola, a guitarra, o violão
blanket-o cobertor
bed-a cama
bookcase-a estante para livros,
    a prateleira de livros
desk-a secretária, a carteira,
    a escrevaninha
notebook-o caderno
pencil-o lápis
watch-o relógio
winter-o inverno
snow-a neve
male-masculino, varão, macho
at the same time- ao mesmo tempo,
    entretanto, simultâneamente
```

OS COMPANHEIROS DE QUARTO

Análise do Desenho

1. Qual dos dois companheiros está estudando?
2. Qual dos dois companheiros está a tocar a viola?
3. O que está sobre a carteira?
4. O que está sobre o peitoril da janela?
5. O que está ao lado do peitoril da janela?
6. Quem tem um lápis e onde está?
7. Como é que você sabe que é de dia e não de noite?
8. Onde estão os cartazes?
9. Onde estão as mãos e os braços dos moços?
10. Quem tem um relógio e onde está?
11. Como sabe você que alguém estava fumando?
12. Há alguns livros sobre a carteira. Onde estão os outros?

Perguntas

13. Você pode escutar o rádio e estudar ao mesmo tempo? Porquê?
14. Quanto custa um maço de cigarros?
15. O que está sobre a carteira do seu quarto?
16. Prefere estudar de dia ou de noite? Porquê?
17. Tem cartazes sobre as paredes do seu quarto? Que tipo?
18. Descreva os cartazes se os tem, e se não, porquê?
19. Pode-se esquiar perto de onde você mora? Quando? Onde?
20. Descreva uma pessoa que você conhece que sabe tocar a viola.

Temas

1. A vida no dormitório estudantil. *residencia universitaria*
2. Com (ou como não) estudar.
3. O meu quarto na universidade.

to mark the hem-marcar a bainha
to measure-medir
to put up one's hair-pôr os rolos,
 frisar o cabelo
to dry-secar
to take time-tardar, demorar, levar
 tempo
to need-necessitar, precisar de
to kneel-ajoelhar-se, dobrar o joelho

roommate-a companheira de quarto
 o companheiro de quarto
girl-a moça, a garota, a rapariga(port.)
life(with someone)-a convivência
yard-a jarda, a régua
meter-o metro
centimenter-o centímetro
inch-a polegada
foot- o pé
phonograph-o fonógrafo, o giradiscos, vitrola
coat hanger-o cabide
photograph-a fotografia, a foto
desk-a carteira, a secretária,
 a escrevaninha escrivaninha
envelope-o envelope
stationary-o papel de cartas, artigos
 da papelaria
letter- a carta
hair-o cabelo

curler (hair)-o rolo
pin-o alfinete
pin box-a caixa de alfinetes
bulletin board-uma tábua de
 boletins
doll-a boneca
dummy-o manequim
mirror-o espelho
door- a porta
dress- o vestido
stockings-as meias
shoe-o sapato
sandal-a sandália
slacks-as calças
curtain-a cortina
lamp-a lâmpada
window-a janela
floor-o soalho, o chão
mouth-a boca
room-o quarto, a sala, a divisão
useful-útil

AS COMPANHEIRAS DE QUARTO

Análise do Desenho

1. Como sabemos que uma das moças já escreveu (ou vai escrever) uma carta?
2. O que está sobre a carteira?
3. Onde está o cabide e porque está ali?
4. O que está fazendo a moça com os alfinetes na boca?
5. Quem está a usar calças?
6. Sabemos que tipo de sapatos usa a moça que está sentada? Porquê (não)?
7. O que está fazendo a moça que está sentada?
8. Quantas fotografias é que você vê e onde estão?
9. Que coisas se notam entre a porta e a lâmpada?
10. Descreva as diferenças entre as duas moças.
11. Porque é que a caixa de alfinetes está no **tapete**?
12. Para que se está usando a régua?
13. Porque é que o manequim não tem pernas?

Perguntas

14. Porque é útil uma tábua de boletins?
15. Quanto tempo demora a pôr os rolos?
16. Quantos alfinetes são precisos para marcar a baínha dum vestido?
17. Quando é que você escreve cartas? A quem?
18. Quantas polegadas há num pé?
19. Quando é que você mede em pés e polegadas? Em metros e centímetros?
20. (Só para as moças) Quando prefere usar calças? E um vestido?

Temas

1. O meu quarto na universidade (ou na minha casa).
2. Como marcar a baínha.
3. A convivência com a minha companheira (ou o meu companheiro) de quarto.

to lecture-dar, proferir uma conferência, ensinar, dissertar, dar um discurso
to take notes-tomar notas, anotações, anotar
to teach-ensinar
to study-estudar
to pass-passar um exame; ficar, ser aprovado num exame
to fail-reprovar num exame, falhar, ficar mal, chumbar

student-o estudante, o aluno
professor-o professor, a professora
college, university-a universidade
ginásio high school-a escola secundária, o liceu
course-o curso, a matéria, a disciplina
class- a classe
classroom-a sala de aula, a aula
lecture hall-o salão de conferências
blackboard-o quadro preto, a tábua preta
chalk-o giz
bench-o banco
building-o prédio, o edifício

model-o modelo
skull-o crâneo
bridge-a ponte
glasses-os óculos, lentes
table- a mesa
writer-o escritor
face-a cara, o rosto
anatomy-a anatomia
architecture-a arquite(c)tura
engineering- a engenharia
literature-a literatura
if not-se não
right-handed-destro, com a mão direita
left-handed-canhoto, com a mão esquerda
to turn one's back to-virar as costas a

O SALÃO DE CONFERÊNCIAS

Análise do Desenho

1. Quem está usando óculos nestes desenhos?
2. Como se sabe qual é a aula de anatomia?
3. O que está fazendo o professor na aula onde está um modelo dum edifício sobre a mesa?
4. Quem está mostrando o modelo duma ponte?
5. Indique a aula de literatura inglesa.
6. Em qual das aulas não se vêem os rostos dos estudantes?
7. Porque é que você não pode ver o rosto do professor de arquitectura?
8. Qual é a diferença entre os bancos da aula de anatomia e os da aula de engenharia?
9. Em que aula se vê maior número de estudantes?
10. Qual das quatro aulas lhe interessaria mais? Porquê?
11. Diga quem usam a mão esquerda, e quem usam a mão direita, nestes desenhos?

Perguntas

12. De que gosta mais sendo estudante?
13. De que gosta menos sendo estudante?
14. Com que se escreve no quadro preto?
15. Quando se tomam notas?
16. Qual é a diferença entre uma sala de aula e um salão de conferências?
17. Gostaria de ser professor? Se sim, porquê? Na negativa, porquê não?
18. Quais são algumas das diferenças entre um instituto e uma universidade?
19. (Em) quantas disciplinas estuda você agora?
20. De que disciplinas gosta mais, e de que disciplinas gosta menos? Porquê?

Temas

1. A razão pela qual quero ter êxito neste curso.
2. Como ser aprovado sem estudar.
3. A descrição da minha classe de português.

to browse-procurar, folhear um livro
to carry-levar
to leave-sair, ir-se embora, partir

library-a biblioteca
librarian-o(a) bibliotecário(a)
professor-o(a) professor(a)
student-o estudante, aluno(a)
magazine-a revista
briefcase-a pasta de documentos
bookshelf-a estante para livros,
    a prateleira de livros
glasses-os óculos
skirt-a saia
sweater-a camisola, a blusa grossa de lã
chair-a cadeira
dictionary-o dicionário
definition-a definição, o significado
encyclopedia-a enciclopédia
lately-ultimamente, recentemente

Camisola - (brazil) nightgown

information-a informação
reference book-a obra de consulta
novel-o romance
poem -o poema
poetry-a poesia
short story-o conto
play-a obra dramática, a peça
    teatral
essay-o ensaio
shoe- o sapato
sneaker-o sapato de tênis
foot-o pé
hair-o cabelo
room-o quarto, a sala, a divisão;
    espaço, lugar
majority-a maioria
yesterday-ontem
almost-quase
long-longo, comprido
short-curto
quiet-calmado, sossêgo, tranqüilo *calmo*

A BIBLIOTECA

       Análise do Desenho

1. Quantas pessoas se vêem neste desenho?
2. O que está fazendo a maioria dos estudantes?
3. Quem é que está saíndo e o que tem na mão?
4. Quem é que tem cabelo comprido?
5. Quem está usando óculos?
6. Onde está a maioria de livros?
7. Como sabemos que isto é uma biblioteca?
8. O que é que vemos debaixo da mesa?
9. Descreva a estudante no primeiro plano.
10. O que está fazendo a moça que está ao lado da estante de revistas?

       Perguntas

11. O que é uma biblioteca?
12. Geralmente, *De maneira geral* descreva a diferença entre a maneira de levar os livros duma moça e a dum moço.
13. Onde é que você estuda melhor, na biblioteca ou no seu quarto? Porquê?
14. Descreva o que você vê de onde está sentado neste momento.
15. Porque é que as revistas estão na estante de revistas e não na dos livros?
16. O que quer dizer folhear?
17. Porque é que não devemos escrever nos livros da biblioteca?
18. Quais são algumas das diferenças entre um livro e uma revista?
19. Descreva a biblioteca da sua universidade.
20. Quais são as diferenças entre um dicionário e uma enciclopédia?

       Temas

1. Ao ir-me embora da biblioteca ontem...
2. Um livro que li recentemente.
3. O que se encontra numa biblioteca.

to dance-bailar, dançar, leitar
to check one's coat- depositar o casaco
to sing-cantar
to stay out late- ficar de fora, voltar tarde para casa
to have fun-divertir-se
to play(an instrument)-tocar
to smile-sorrir
to laugh-rir
to hire-alugar, empregar
to resemble-parecer-se com
to improvise-improvisar

dance-a dança, o baile
cloakroom-o vestiário
phonograph-o giradiscos, o fonógrafo, a vitrola
record-o disco
intermission-o intervalo, a intermissão
refreshment-o refresco, a bebida, refeição ligeira
pitcher-a bilha, a jarra
glass-o copo
tray-a bandeja, o tabuleiro
music stand-o atril, a estante
composition-a composição
member-o membro
rhythm-o ritmo
harmony-a harmonia

note-a nota
horn-o cornetim
trumpet-a corneta, a trombeta
guitar-a guitarra, o violão, a viola
drum-o tambor
trombone-o trombone
clarinet-o clarinete
saxophone-o saxofone
waltz-a valsa
rock and roll-o roc(k)
folk music-a música folclórica
western music-a música do oeste dos Estados Unidos
partner-o companheiro(m,f), o par
slowly-devagar, lentamente
lively-vivamente, alegre
loud-forte
by heart-de memória, de côr
happy-feliz, contente
mouth-a boca
wall-a parede
different-diferente, distinto
sandwich- o sanduíche
chair-a cadeira
waist-a cintura
wind instrument-o instrumento de sopro
band-a banda

A DANÇA (O BAILE)

Análise do Desenho

1. O que são e onde estão os refrescos?
2. Quem parece ser a pessoa mais feliz neste desenho?
3. O que é um vestiário e onde é neste desenho?
4. Porquê é que a moça que está sentada está rindo?
5. Descreva a orquestra.
6. Porque é evidente que as jovens que vemos no desenho se estão divertindo?
7. Onde estão as ornamentações?
8. Que tipo de música parece que a orquestra está tocando?
9. Quem não está bailando (a bailar, dançar)?
10. Descreva o resto do desenho.

Perguntas

11. Quando você vai a um baile com uma pessoa que não conhece, de que podem falar?
12. Descreva as diferenças entre a valsa e o rock.
13. Em que se parecem uma trombeta, um clarinete, um saxofone, e um trombone?
14. Até que horas tem ficado fora de casa? Quando? Porquê?
15. Por quanto tempo é que uma pessoa é adolescente?
16. Onde é que se deposita o casaco durante um baile?
17. Como é que se pode ter um baile sem empregar uma orquestra?
18. O que é que se pode fazer durante os intervalos duma orquestra?
19. Como se chama o instrumento que se toca mais na música folclórica?
20. Descreva a diferença entre uma banda e uma orquestra.

Temas

1. Distintas classes de música.
2. O que se passa quando se volta para casa muito tarde.
3. A descrição dum baile na universidade.

to breathe-respirar, exalar
to bend-curvar-se, dobrar-se
to weigh-pesar
to stay, remain-ficar, permanecer
to join, connect-ligar, unir
to close-fechar, encerrar

body-o corpo
face-a face, o rosto, a cara
head-a cabeça
forehead-a testa, a fronte
skull-o crâneo
brain-o cérebro
hair-o cabelo
eye-o olho
eyelid-a pálpebra
eyelashes-as pestanas
eyebrow-a sobrancelha
eyeball-o globo ocular
ear-a orelha
inner ear-o ouvido
nose-o nariz
cheek-a bochecha, face
temple-a têmpora, a fronte
jaw-o queixo, o maxilar
mouth-a boca
lip-o lábio
tongue-a língua
tooth-o dente
chin-o queixo
neck-o pescoço
lap-o colo
shoulder-o ombro
back-as costas, o dorso
chest-o peito
arm-o braço
elbow-o cotovelo
wrist-o pulso
hand-a mão
palm-a palma
fat-gordo, pesado (heavy)

short-curto, baixo, pequeno
tall-alto, grande
knuckle-o nó dos dedos
fist-o punho, a mão fechada
finger-o dedo
thumb-o polegar
index finger-o dedo indicador,
   o índice
middle finger-o dedo médio
ring finger-o dedo anular
little finger-o dedo mínimo, mindinho
ring-o anel
fingernail-a unha
waist-a cintura
hip-o quadril, as cadeiras
buttock-a nádega
thigh-a coxa, o femur
leg-a perna
knee-o joelho
calf-a panturrilha, a barrega da
   perna
ankle-o tornozelo
foot-o pé
toe-o dedo do pé
toenail-a unha do dedo do pé
bone-o osso
joint-a articulação
skin-a pele
blood-o sangue
artery-a arteria
vein-a veia
heart-o coração
stomach-o estômago
lung-o pulmão
kidney-o rim
muscle-o músculo
male- macho, masculino, homem
female- fêmea, feminino, mulher
healthy-são, sã
unhealthy-doentio, insalubre
strong-forte
weak-fraco, débil
slender-magro, delgado

O CORPO HUMANO

      Análise do Desenho

1. Descreva o aspecto físico do homem.
2. Porque (não) parece sã a mulher do desenho?
3. Quem é mais alto? Quem pesa mais?

      Perguntas

4. O que liga a cabeça e o ombro?
5. Nomeie as partes do rosto.
6. O que é a diferença entre as pestanas e a sobrancelha?
7. O que há dentro do crâneo?
8. Quantos dentes é que a maioria dos adultos teem?
9. Se uma pessoa é gorda, em que parte do corpo é geralmente mais evidente?
10. O que transporta o sangue do coração e ao coração?
11. Quantos dedos temos em cada pé?
12. Diga os nomes do dedos em português.
13. Se você tem um anel, em que dedo está? Se não tem anel, porquê não?
14. Nomeie uma parte do corpo sobre a qual não há pele.
15. Qual é a função dos pulmões?
16. Nomeie todas as partes do corpo debaixo da coxa.
17. O nó dos dedos, o pulso, o cotovelo, o joelho — qual é a similaridade entre as quatro partes?
18. Onde é a palma da mão?
19. Como se chama a mão fechada?
20. Nomeie duas partes do corpo que somente se podem ver de atrás e duas partes não visíveis de atrás.

      Temas

1. Como o corpo humano funciona.
2. A circulação do sangue.
3. Como permanecer jovem.

1978

```
    JANEIRO            FEVEREIRO             MARÇO              ABRIL
  D S T Q Q S S       D S T Q Q S S       D S T Q Q S S       D S T Q Q S S
  1 2 3 4 5 6 7             1 2 3 4             1 2 3 4                   1
  8 9 10 11 12 13 14   5 6 7 8 9 10 11   5 6 7 8 9 10 11    2 3 4 5 6 7 8
  15 16 17 18 19 20 21  12 13 14 15 16 17 18  12 13 14 15 16 17 18  9 10 11 12 13 14 15
  22 23 24 25 26 27 28  19 20 21 22 23 24 25  19 20 21 22 23 24 25  16 17 18 19 20 21 22
  29 30 31              26 27 28              26 27 28 29 30 31     23 24 25 26 27 28 29
                                                                     30

     MAIO               JUNHO              JULHO             AGOSTO
  D S T Q Q S S      D S T Q Q S S       D S T Q Q S S     D S T Q Q S S
    1 2 3 4 5 6              1 2 3                     1       1 2 3 4 5
  7 8 9 10 11 12 13   4 5 6 7 8 9 10    2 3 4 5 6 7 8    6 7 8 9 10 11 12
  14 15 16 17 18 19 20  11 12 13 14 15 16 17  9 10 11 12 13 14 15  13 14 15 16 17 18 19
  21 22 23 24 25 26 27  18 19 20 21 22 23 24  16 17 18 19 20 21 22  20 21 22 23 24 25 26
  28 29 30 31           25 26 27 28 29 30     23 24 25 26 27 28 29  27 28 29 30 31
                                               30 31

   SETEMBRO            OUTUBRO            NOVEMBRO           DEZEMBRO
  D S T Q Q S S      D S T Q Q S S       D S T Q Q S S     D S T Q Q S S
              1 2    1 2 3 4 5 6 7             1 2 3 4              1 2
  3 4 5 6 7 8 9     8 9 10 11 12 13 14   5 6 7 8 9 10 11   3 4 5 6 7 8 9
  10 11 12 13 14 15 16  15 16 17 18 19 20 21  12 13 14 15 16 17 18  10 11 12 13 14 15 16
  17 18 19 20 21 22 23  22 23 24 25 26 27 28  19 20 21 22 23 24 25  17 18 19 20 21 22 23
  24 25 26 27 28 29 30  29 30 31              26 27 28 29 30        24 25 26 27 28 29 30
                                                                     31
```

to fall, occur-cair
to celebrate-celebrar
to take place-ter lugar, efe(c)tuar-se

calendar-o calendário
date-a data
month-o mês
week-a semana
Sunday-o domingo
Monday-a segunda-feira
Tuesday-a terça-feira
Wednesday-a quarta-feira
Thursday-a quinta-feira
Friday-a sexta-feira
Saturday-o sábado
year-o ano
leap year-o ano bissexto
school year- o ano escolar, académico
hour-a hora
minute-o minuto
second-o segundo
noon-o meio-dia
midnight-a meia-noite
quarter of an hour-um quarto
What time is it?-Que horas são?
It is one o'clock-É Uma (hora)
It is two o'clock-São duas(horas)(São catorze)
standard time-hora oficial
daylight-a luz do dia, o dia
In the morning-da manhã
In the afternoon-da tarde
In the evening-da noite

vernal equinox-o equinócio vernal
autumnal equinox-o equinócio
   outonal
spring-a primavera(seasons sometimes capitalized)
summer-o verão
autumn,fall-o outono
winter-o inverno
workday-o dia de trabalho
weekend-o fim de semana
holiday-o dia feriado
vacation-as férias
birthday-o aniversário
Saint's Day-o Dia de Santo
Christmas-o Natal
Easter-a Páscoa
New Year's Day-o Dia do Ano Novo
eve-a véspera
Independence Day-o Dia da
   Independência
Labor Day-o Dia dos Trabalhadores
Memorial Day-o Dia Comemorativo
country-o país, a nação
horoscope-o horóscopo
life-a vida
long- comprido, longo
short-curto
Months-(sometimes capitalized)
janeiro, fevereiro, março, abril,
maio, junho, julho, agosto,
setembro, outubro, novembro,
dezembro

Portugal - capitalized
Brazil - not

O CALENDÁRIO
A Folhinha

Análise do Desenho

1. O ano 1978 é ou não é um ano bissexto? Porquê?

2. Indique os meses que têm trinta e um dias. Trinta.

3. O que quer dizer "o fim de semana"? Quais são os dias de trabalho?

4. Em que dia da semana será o Natal de 1978? E o Dia da Independência dos Estados Unidos?

5. Em que dia da semana celebrará você o aniversário em 1978?

6. Em que mês do ano haverá um dia **treze numa sexta-feira**? Que importância tem?

7. Que meses do ano 1978 tem o maior número de domingos?

Perguntas

8. Quantos dias tem uma semana? Quantas semanas há num ano? E dias? E meses?

9. Quantos segundos há num minuto?

10. Quantos minutos há numa hora? Quantas horas num dia?

11. Quantos anos bissextos tem havido na sua vida?

12. Quando é o seu aniversário?

13. Indique três datas **importantes** na história dos Estados Unidos. Do Brasil. De Portugal. Porquê são importantes?

14. Explique o que é o Dia de Santo.

15. Quais são os meses de cada estação?

16. Uma festa nacional dos Estados Unidos é o aniversário de quem?

17. O que é o equinócio? Em que meses são os equinócios da primavera e do outono?

18. Quais são as desvantagens da hora oficial no verão?

19. Diga as várias maneiras de dizer "it is ten to three in the afternoon," em português.

20. Diga a estação que prefere, e porquê?

Temas

1. Como se sabe quando são as festas nacionais.

2. As datas mais importantes do ano escolar.

3. O meu horóscopo.

to sleep-dormir
to fall asleep-adormecer, cair no sono
to wake up-acordar
to watch television-olhar, ver, observar a televisão

member of the family-o membro da família
husband-o marido, o esposo
wife- a mulher, a esposa
son-o filho
daughter-a filha
nephew-o sobrinho
niece-a sobrinha
grandfather-o avô
grandmother-a avó
brother-o irmão
sister-a irmã
grandchild-o(a) neto(a)
father-in-law-o sogro
mother-in-law-a sogra
daughter-in-law-a nora
son-in-law-o genro
uncle-o tio
aunt-a tia
cousin-o(a) primo(a)
relationship-o parentesco
godfather-o padrinho
godmother-a madrinha
twins-os gémeos
bride- a noiva
bridegroom-o noivo
step-father-o padrasto
step-mother-a madrasta

home-a casa, o lar
living room-a sala(de visitas) (de estar)
window-a janela
television-a televisão
television set- o televisor
radio-o rádio
color television-a televisão a cores
channel-o canal
station-a estação
commercial-o anúncio
transistor radio-o rádio portátil, transistor
magazine-a revista
newspaper-o jornal
lap-a aba, o regaço, o colo
glasses-os óculos
slipper-a chinela
furniture-a mobília, os móveis
comfortable-confortável
at home-em casa
while-enquanto
the parents-os pais
children-as crianças, os meninos, os filhos
relatives-os parentes
youth-a mocidade
young man-o mancebo
young woman-a mulher nova
ancestors-os antepassados
descendants-os descendentes
married couple-um casal

A FAMÍLIA

Análise do Desenho

1. Que horas da noite serão? Porquê?
2. Quem estão no sofá?
3. Onde está o televisor?
4. O que a mãe está fazendo enquanto olha a televisão?
5. O que é que o moço está fazendo (a fazer)?
6. Descreva a mobília.
7. O pai está confortável? Porquê?
8. Como é que o pai está vestido?
9. Como é que você sabe que o pai está lendo (a ler) um livro?
10. Quem parece mais jovem, o filho ou a filha? Porquê?

Perguntas

11. O que é que gosta mais de fazer enquanto está em casa à noite?
12. Qual é o seu programa de televisão favorito? Porquê?
13. No rádio e na televisão, o que é um anúncio?
14. Descreva a diferença entre um canal e uma estação.
15. Quão pequeno pode ser um transistor?
16. Qual é o seu parentesco com a irmã do pai? Com a filha da avó?
17. Descreva o marido ou a esposa que deseja ter um dia.
18. Descreva o que é, na sua opinião, a família ideal, quer dizer, quantos membros e porquê?
19. Onde e quando vê a televisão?
20. Qual é a diferença entre uma casa e um lar?

Temas

1. Porque gosto ou não gosto da televisão.
2. A minha casa e a minha família.
3. Porque é que o pai está a dormir (dormindo) - no desenho.

to own-possuir, ser dono ou proprietário de
to rent-alugar, arrendar
to make the bed-fazer a cama
to clean house-limpar a casa
to dust-sacudir o pó, limpar
to scrub-esfregar
to play(music)-tocar

home-o lar, a casa
two story house-a casa de dois andares
ground floor-o andar térreo, o rês-do-chão
upper floor-o andar mais alto, último andar
first floor-(second story)-o primeiro andar
cellar-a cave, a adega, o porão
attic-o sotão
roof-o telhado
ceiling-o te(c)to
stairway-a escada
chimney-a chaminé
fireplace-a lareira, o fogão de sala
lightning rod-o para-raios
furnace-a caldeira do aquecimento
garbage can-a lata de lixo
curtain-a cortina
window-a janela
doorway-o portal, a entrada, a passagem
wall-a parede, o muro

room-o quarto, a divisão, a sala
living room-a sala de visitas
dining room- a sala de jantar
bedroom-a sala de dormir, o quarto
bathroom-o quarto de banho, o banheiro, a casa de banho, a casinha
kitchen-a cozinha
corridor-o corredor
furniture-a mobília, os móveis
dining room table-a mesa da sala de jantar
rug-o tapete
lamp-a lâmpada
bureau-a cómoda
desk-a secretária, a carteira, a escrevaninha
chair-a cadeira, a poltrona
footstool-o escabelo
trunk-o baú
floor-o soalho, o chão
floor(story)-o andar, o piso
apartment-o apartamento
dream house-a casa sonhada
mortgage-a hipoteca
maid-a empregada, a criada
duties-os deveres
instead of-em vez de

O LAR - A CASA

Análise do Desenho

1. Quantos andares tem esta casa, e quais são?
2. Onde estão as latas de lixo?
3. O que vemos no sotão?
4. Onde é que você vê um tapete nesta casa?
5. Porque é que esta casa tem uma chaminé?
6. Que mais vê no telhado?
7. Descreva o que vê na sala de jantar.
8. Onde é a cozinha?
9. Você gostaria de morar nesta casa? Porquê? Porquê não?
10. Qual das poltronas tem um escabelo?
11. Onde é o quarto de banho que se pode ver?
12. Onde é a escada?
13. Porque é que o moço pode ver quando toca o piano, seja de dia ou de noite?
14. Porque é que você crê que é de dia, ou porque crê que é de noite?

Perguntas

15. Quais são os deveres duma empregada duma casa?
16. Descreva o sotão típico.
17. Porque há muita gente que prefere alugar um apartamento do que possuir uma casa?
18. E o inverso?
19. O que guarda, geralmente, a gente nos baús no sotão?
20. Explique o que é uma hipoteca.

Temas

1. A minha casa sonhada.
2. Os quartos e móveis numa casa.
3. Como fazer a limpeza duma casa.

to be hungry-ter fome
to cook-cozinhar
to be thirsty-ter sede
to take(eat,drink)-tomar (comer, beber)
to serve-servir
to wash dishes-lavar os pratos
to scold-censurar, repreender
to place-colocar, pôr

kitchen-a cozinha
stove-o fogão
burner-o bico de gás
back burner-o bico de gás ao fundo
front burner-o bico de gás ao frente
oven-o forno
sink-a bacia, a banca, a lava-loiça
fan-o ventilador, a ventoinha
refrigerator-o frigorífico
handle-o cabo, o puxador, a manivela
coffee-o café
coffee pot-a cafeteira
cup-a chávena, a taça, a xícara
dishes-a loiça

apron-o avental
basket-o cesto
bread-o pão
roll-o pãozinho, as padas, papo-seco
salad-a salada
salad bowl-a saladeira
salt-o sal
pepper-a pimenta
vinegar-o vinagre
oil-o azeite
casserole-a caçarola
ladle-a concha
glass-o copo
wine-o vinho
cork-a rolha
plate-o prato
napkin-o guardanapo
meal-a comida
food-o alimento, a comida
detergent-o detergente
windowsill-o peitoril da janela
flower pot-o vaso de flores
bottle-a garrafa

A COZINHA

Análise do Desenho

1. Quem parece ter mais fome? Porquê?
2. Quem está censurando alguém?
3. O que tem o pai na mão e o que está fazendo?
4. O que está fazendo a mãe?
5. Em que bico de gás está a cafeteira?
6. Quando se servirá o café?
7. O que há sobre o peitoril por trás da bacia?
8. Acha que o frigorífico está bem colocado? Porquê? Porquê não?
9. Porque é que o puxador do frigorífico está mal colocado?
10. O que está na mesa?
11. Quem é que vai beber vinho e como sabe isso?
12. Há quatro garrafas neste desenho. Descreva o conteudo de cada uma.
13. Quando é que a família comerá a fruta?
14. Descreva os meninos.
15. Porque há mais pratos do que gente?
16. Como é que sabemos que a garrafa de vinho já foi aberta, mas que ainda não foi servido?
17. Onde estão o sal e a pimenta?

Perguntas

18. Porque se põe um guardanapo sobre o pão no cesto quando sai do forno?
19. Quando é que se usam os aventais?
20. Prefere lavar loiça ou cozinhar? Porquê?

Temas

1. As vantagens e desvantagens de comer na cozinha.
2. A comida e como a servem na minha universidade.
3. Esta cena pode ser europeia ou norteamericana.

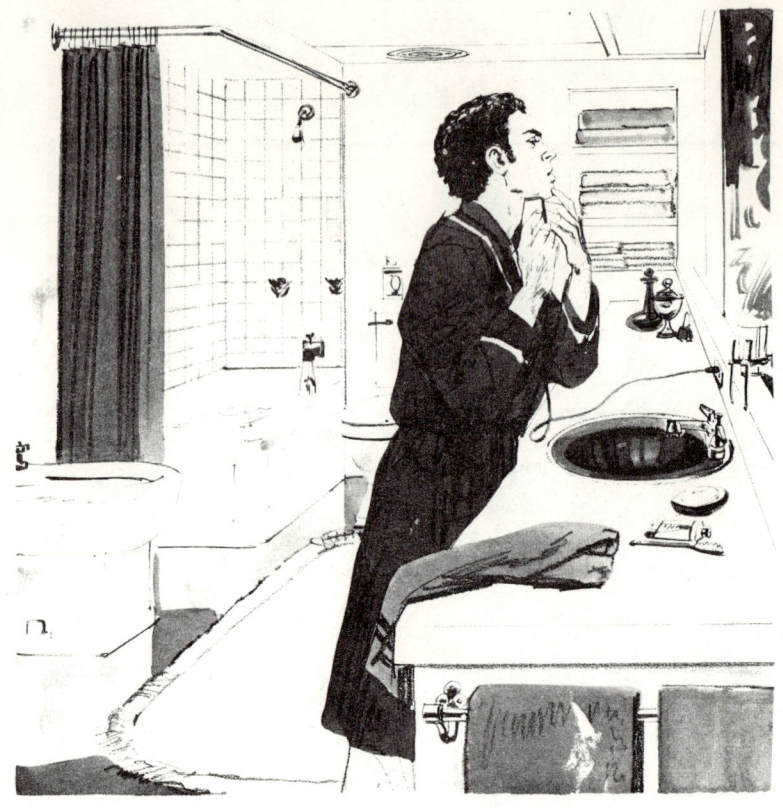

to turn on water-fazer correr a água, abrir a torneira
to turn off-fechar a torneira
to take a bath-tomar banho, banhar-se
to take a shower-tomar um banho de chuveiro, tomar um duche
to wash-lavar-(se)
to dry-secar-(se), enxugar-(se)
to splash-salpicar, esparrinhar
to brush one's teeth-lavar os dentes
to shave-fazer a barba, barbear-(se)

bathroom-o quarto de banho, a casa de banho
bathrobe-o roupão de banho
towel-a toalha
towel rack-o toalheiro, a porta-toalhas
sink-o lavatório, a bacia
faucet-a torneira
soap-o sabão, o sabonete
toothbrush-a escova de dentes, dentifríca
toothpaste-a pasta dentifrícia, de dentes
electric razor-o aparelho de barbear elé(c)trico, a máquina de barbear
safety razor-a gilete, a navalha
shaving cream-o creme de barbear, o sabonete de barbear
fan-o ventilador, a ventoinha

cord-o cordão, o fio, a corda
electrical plug-a tomada
electrical shock-um choque elé(c)trico
bottle-a garrafa
nail polish-o verniz de unhas, a tinta de unhas
mirror-o espelho
glass-o copo
ceiling-o te(c)to
floor-o soalho, o chão
toilet-a retrete, a sanitá
toilet paper-o papel higiênico
bidet-o bidé
bathtub-a banheira tina
shower-o banho de chuveiro
shower curtain-a cortina da banheira
shelf-a estante
pajamas-pijamas
rug-o tapete
place-o lugar
alone-sozinho, só
how often- quantas vezes?
as well as-tão bem como
       tanto como
       bem como

O QUARTO (A CASA) DE BANHO

Análise do Desenho

1. Como sabemos que o homem vai tomar banho e que não vai tomar banho de chuveiro?
2. Porque é que este quarto de banho pode ser tanto europeu como norte-americano?
3. O que está sobre o soalho?
4. Em que três lugares há toalhas?
5. Onde é a tomada para o aparelho de barbear eléctrico?
6. Onde é que há um ventilador?
7. Quais são as coisas que vemos diante do homem e ao lado direito dele?
8. Onde é a sanita? Onde é o bidé?
9. Que tipo de roupa usa o homem neste desenho?
10. O que é que há em cada extremo do cordão?
11. Quais são as coisas que se vêem neste desenho que nos fazem supôr que este homem não mora sozinho?
12. Porque não vemos creme de barbear neste desenho?
13. Porque é que a tomada não deve ficar tão perto do lavatório como se nota neste desenho?

Perguntas

14. Para que se usam toalhas?
15. Para que se usa uma cortina da banheira?
16. Como se faz correr a água?
17. Toma-se um banho de chuveiro antes de fazer a barba ou depois?
18. Com que frequência lava você os dentes?
19. Explique a função duma banheira. Dum lavatório.
20. Você prefere banho de chuveiro ou de imersão? Porquê?

Temas

1. Os quartos de banho - antigos e modernos.
2. As vantagens dum aparelho de barbear eléctrico.
3. O homem que pôs o creme de barbear na escova de dentes.

to set the table-pôr a mesa
to clear the table-levantar a mesa,
   limpar a mesa
to pour-verter *despejar*
to make a toast-brindar
to place-colocar

etiquette-a etiqueta, a cerimônia
usage-o costume; o uso
host-o anfitrião
guest-o hóspede, o convidado
tablecloth-a toalha de mesa
napkin-o guardanapo
place setting-os utensílios
soup bowl-o prato de sopa
saucer-o pires
service plate-o prato
dinner knife-a faca
dinner fork-o garfo
salad fork-o talher de servir salada
dessert spoon-a colher de sobremesa
teaspoon-a colher de chá
soup spoon, tablespoon-a colher de sopa
pitcher-a bilha, a jarra, *o jarro*
formal-cerimonioso
informal-sem cerimônia

water-a água
wine-o vinho
wine basket-a cesta para o vinho
handle(pitcher,basket)-a asa
water glass-o copo de água
wine glass-o copo de vinho
salt shaker-o saleiro
pepper shaker-o pimenteiro
ashtray-o cinzeiro
cigarette-o cigarro
cigarette lighter-o isqueiro,
   o acendedor
chair-a cadeira; a poltrona
flower arrangement-o arranjo
   floral
head of the table-a cabeceira
center of the table-o centro
   da mesa
meal-a comida
dinner, supper-o jantar
waiter-o criado, o moço, o "garçon"
waitress-a criada, a moça, *a garçonete*
tray-o tabuleiro, a bandeja
place-o lugar, o assento
according to form-formal

A MESA

Análise do Desenho

1. Como é que você sabe a comida ainda não foi servida?
2. Como é que você sabe que o jantar será de cerimônia?
3. O que se servirá nos dois copos?
4. O garfo à esquerda é para a salada ou a sobremesa? Porquê?
5. Há alguma coisa aqui que talvez indique que a mesa não foi posta segundo o costume norteamericano? Se assim é, explique.
6. Porque é que há duas colheres para cada pessoa?
7. Onde estão os guardanapos?
8. O que é que há no centro da mesa?
9. Quem é que se sentará no centro da mesa?
10. Se há dois anfitriões, quantos convidados virão?
11. O que há à direita de cada prato?
12. Onde estão o saleiro e o pimenteiro?
13. Onde estão as facas para a manteiga?
14. Porque é que as cestas para o vinho estão em tal lugar?
15. O que há sobre os tabuleirinhos diante dos lugares dos anfitriões?
16. A bilha está à esquerda de quê?

Perguntas

17. Como se faz um brinde?
18. Quais são as obrigações dum "garçon"?
19. Qual é a diferença entre um prato e um pires?
20. O que você diria a um convidado que diz que não gosta da refeição que você preparou?

Temas

1. Como pôr a mesa para um jantar ou almoço cerimonioso.
2. Como servir um jantar ou almoço cerimonioso.
3. Os vinhos.

to serve-servir, lançar
to play-jogar
to win-ganhar
to lose-perder
to hit-bater
to throw-atirar, lançar, mandar
to harm, hurt-fazer mal, prejudicar, aleijar, molestar
to warp-empenar-se
to be accustomed to-acostumar-se a, estar acostumado a

ténis-o ténis
player-o jogador
sport-o desporto, o esporte, o divertimento
game-o jogo, a partida, o desafio
court-o campo para jogar
net-a rede
racquet-a raquete
press-a prenda

point-o ponto
singles-a partida de singulares, de indivíduos
doubles-a partida de pares (mixtos)
fan-o entusiasta
screen-o guarda-vento
bench-o banco
stands-a bancada
wall-a parede, o muro
rain-a chuva
sunglasses-os óculos (escuros) de sol
soft drink-a bebida
high-alto
low-baixo
ball-a bola

O TÉNIS

Análise do Desenho

1. Quem é que está usando óculos de sol?
2. É este um jogo de singulares ou de pares?
3. Quantos espectadores há? Onde estão?
4. Você crê que os dois jogadores no primeiro plano já jogaram ou que ainda não jogaram? Porquê?
5. Porque é que há um guarda-vento ao fundo?
6. Quem está sentado e sobre quê?
7. Onde é que há um muro?
8. Quantas pessoas, neste desenho, usam a mão direita, e como é que sabe?
9. Quem tem uma bebida e em que mão a tem?
10. Como é que sabemos que estão jogando de dia e não de noite?

Perguntas

11. Diga o máximo e o mínimo número de jogadores num desafio de ténis.
12. Quanto custa uma boa raquete?
13. O ténis é um desporto internacional. O que é que isso quer dizer?
14. Alguns desportos podem ser jogados na chuva. Quais são? Porquê?
15. O que é um entusiasta?
16. Descreva a diferença entre uma cadeira e um banco.
17. Porque pode ou não jogar o ténis hoje?
18. Descreva a situação que existe quando você perde um desafio?
19. Porque é que os tenistas usam prensas nas raquetes quando não estão jogando?
20. De quem é o ponto se você lança a bola contra a rede?

Temas

1. Um desafio de ténis.
2. A descrição dum campo de ténis.
3. Não importa se ganha ou se perde, mas como joga.

to swim-nadar
to sunbathe-tomar banhos de sol
to get a suntan-bronzear-se, queimar-se do sol
to float-flutuar
to play-jogar, brincar
to dig-escavar, cavar
to warn-advertir, avisar
to tell-contar, dizer
to avoid-evitar
to try-tentar, experimentar

sand-a areia
beach-a praia
sea-o mar, o oceano
land-a terra
lighthouse-o farol
wave-a onda
waves, surf-as ondas, a ressaca, as ondulações
surfboard-a tábua aquática (de "surf")
ship-o navio, o barco
raft-a jangada, a boia
sailboat-o barco à vela, o veleiro

bathing suit-o fato (ou roupa) de banho (brazil) maiô
bikini-o biquini, tanga
shell-a concha
ball-a bola
hat-o chapéu
cap-o barrete, o gorro
bonnet-a touca
shovel-a pá
pail-a balde
thermos jug-a garrafa térmica
carry-all-a bolsa
sunglasses-os óculos de sol
scarf-o lenço de cabeça
cup-a chávena, a taça, a xícara
binoculars-os binóculos
beach umbrella-o guarda-sol
salt water-a água salgada
fresh water-a água doce
sunburn-a queimadura do sol, a crestadura do sol
suntan lotion-a loção
suntanned-bronzeado
sunburned-queimado

NA PRAIA

Análise do Desenho

1. Há dois rádios no desenho. Quem os tem e onde estão?
2. O que parece querer fazer a moça que leva o barrete?
3. Quem é que usa biquini?
4. Quais são as duas coisas que a moça no primeiro plano do desenho está tentando fazer simultâneamente?
5. O que é que você crê que está dizendo o senhor com o barrete à senhora com o lenço de cabeça?
6. O que é que o senhor com os binóculos estará observando?
7. Quem é que tem uma boia? A onde vai ele?
8. Descreva o que estão fazendo os moços à esquerda ao fundo do desenho?
9. Onde é que se vê um pequeno barco à vela?
10. Quem está usando óculos de sol?
11. Que coisas haverá na bolsa da senhora?
12. Onde é que há conchas?
13. Onde estão as garrafas térmicas?
14. O que estará dizendo o moço com o rádio à moça com o biquini?

Perguntas

15. Qual é a função dum farol?
16. Flutua-se melhor na água salgada ou na água doce? Qual prefere você?
17. Qual é a diferença entre um chapéu e um gorro?
18. Como se pode evitar uma queimadura do sol?
19. Porque é que às vezes há dificuldades em nadar no mar?
20. Porque é que é fácil ou difícil para você ir à praia?

Temas

1. A praia não é para mim.
2. O que se pode fazer na praia.
3. As tábuas de "surf" e a prá(c)tica do "surf".

to cast a (fishing) line-lançar a
   linha duma cana de pesca
to hunt-caçar
to aim-apontar
to shoot a gun-disparar, fusilar *fuzilar*
to cook-cozinhar
to climb-trepar, ascender
to paddle-remar
to sing-cantar
to fish-pescar
to camp, go camping-acampar
to indicate-indicar

outdoor life-a vida ao ar livre, puro
camp-o acampamento
fisherman-o pescador
hunter-o caçador
camper-o campista
hiker —o caminhante
canoeist-o canoeiro
fishing rod-o cana de pesca, o caniço
line-a linha
reel-a bobina, o carrete
fly-a isca artificial
fish-o peixe, o pescado

trout-a truta
gun-o canhão, o revólver, a pistola
   a espingarda *fuzil*
game bag-a bolsa de caçador
deer- o veado
tent-a barraca, a tenda
skillet-a frigideira
hike-a excursão a pé
knapsack-a mochila
mountain-a montanha
top-o cume, o cimo
fire-o fogo, o fogão
campfire-a fogueira
sleeping bag-o saco-cama
canoe paddle-o remo
stream-o ribeiro, o arroio, a ria
bow(of boat)-a proa
stern-a popa
hat-o chapéu
season-a estação
winter-o inverno
summer-o verão
spring-a primavera
fall-o outono
useful-útil

A VIDA AO AR LIVRE

Análise do Desenho

1. O que é que nos faz pensar que o pescador está lançando a linha para pescar trutas?
2. O que é que o pescador está dizendo para consigo?
3. O que é que o pescador tem no chapéu?
4. O que é que nos indica que o caçador não está caçando veados?
5. No desenho com a tenda, o que é que o campista está fazendo?
6. O que é que pode haver dentro da tenda?
7. Porque é possível que o campista que está diante da tenda também seja pescador?
8. Porque é que uma frigideira pode ser útil para um pescador?
9. Indique a diferença entre um fogo pequeno e uma fogueira?
10. Quem está trepando à montanha?
11. Quem está na proa e na popa da canoa?
12. De que falam os canoeiros?
13. Porque é que as caminhantes podem ser as mesmas que o grupo que está cantando?

Perguntas

14. O que é que você poria dentro duma mochila para uma excursão dum dia só.
15. Qual é mais útil, uma canoa ou uma arma de fogo?
16. Com que se rema uma canoa? Com que se pesca? Com que se caça?
17. Que cores usa a maioria dos caçadores?
18. Qual é a melhor estação para acampar?
19. Quais são as quatro estações do ano e que tipo de vida ao ar livre é mais característica de cada uma?
20. Explique a diferença entre "peixe" e "pescado".

Temas

1. Como escolher um lugar para acampar.
2. Uns dias num acampamento.
3. O que eu vi da parte mais alta da montanha.

```
to swim-nadar                              lifeguard-o banheiro
to dive-mergulhar-se                       crawl-o craul, o "crawl"
to drown-afogar                            backstroke-o nado de costas
to play-jogar                              breaststroke-o nado de peito
to change one's clothes-mudar de roupa     sunglasses-os óculos de sol
to have on-vestir, levar, usar             whistle-o apito, o assobio
to be about to-estar para, estar a         sandal-a sandália
   ponto de                                hat-o chapéu
to move-mover, mudar                       cabana-a cabine para banhistas
                                           chaise lounge-a chaise
swimming pool-a piscina                    soft drink-o refresco, a bebida
diving board-o trampolim, a tábua             não alcoólica
deep end-o profundo                        wheel-a roda
shallow end-pouco profundo  menus profundo beach-a praia
ladder-o escadote, a escada de mão         age-a idade
bathing suit-o fato de banho
            a roupa de banho
```

A PISCINA

Análise do Desenho

1. Onde estão as cabines para banhistas?
2. Como é que você sabe que alguém vai mergulhar-se?
3. Qual destes estilos é mais rápido—o nado de peito, de costas ou o "crawl"— e que estilo é que a pessoa na piscina está usando?
4. O que é que você supõe que o menino deseja? E o que é que ele está dizendo ao pai?
5. De que falam a senhora com os óculos de sol e o senhor sentado na chaise?
6. Quem é que está tomando uma bebida não alcoólica?
7. Porque é que a chaise tem rodas?
8. A quem pertencem as sandálias?
9. O que é que o banheiro está fazendo?
10. Que tipo de roupa usa o banheiro?
11. Em que extremo da piscina está a maioria da gente?
12. Porque é que o escadote está nesse extremo?
13. Onde é que há outro escadote?
14. Em que lado da piscina é que os dois moços estão jogando?
15. Porque é que não há meninos na parte mais profunda?

Perguntas

16. Para que se usa uma cabine de banhistas?
17. Prefere ir à praia ou à piscina?
18. Quais são os deveres dum banheiro?
19. Porque têm as piscinas um extremo profundo e um extremo menos profundo?
20. Sabe nadar? Se não, porquê? Se sabe, a que idade começou a nadar?

Temas

1. As piscinas não são para nadar.
2. Os banheiros que tenho conhecido.
3. A conversa ouvida numa piscina.

to display-exibir, mostrar
to consist of-constar de, consistir em
to have on, wear-vestir, levar, usar

men's shop-a loja para homens
for sale-à venda
on sale-em liquidação, saldo
clothing-a roupa
article of clothing-o artigo, a peça
display window-a montra
coat of arms-o brasão, o escudo
measurement-a medida
suit-o fato
pants-as calças
coat-o casaco, a jaqueta, o jaquetão
tie-a gravata
bow tie-o laço, a gravata borboleta
shirt-a camisa
long sleeves-as mangas compridas
short sleeves-as mangas curtas
cuff-o punho
pocket-o bolso, a algibeira
handkerchief-o lenço
underwear-a roupa branca, a roupa interior, de baixo
undershirt-a camiseta *camisola*
shorts-as cuecas
short pants-os calções
shoe-o sapato
socks-os meias
pair-o par
belt-o cinto, o cinturão
billfold-a carteira (de dinheiro)
cuff links-as abotoaduras, os botões de punho
price tag-a etiqueta de preço
pullover-o pulover
jeans-brim, brins, tecido grosso de algodão, "jeans"
shoelace-o cordão de sapato
collar-o colarinho
button-o botão
leather-o couro, a pele
mannequin-o manequim
single breasted-não trespassado (ou traspassado)
double breasted-trespassado, jaquetão
rest, remainder-o resto, o demais
thought-o pensamento
young man-o jovem

A LOJA PARA HOMENS

Análise do Desenho

1. Que peça de roupa na montra custará menos?
2. Descreva a roupa no manequim com mãos.
3. Descreva as outras peças de roupa nos outros três manequins.
4. Onde é que está o monograma na camisa "sport".
5. Descreva as peças de roupa que não estão nos manequins.
6. Qual é a diferença entre os sapatos do manequim e os outros?
7. Uma coisa que a maioria dos homens usam todos os dias não está na montra. O que é?
8. Há coisas na montra que a maioria dos homens não usam todos os dias. Quais são?
9. O que é que o homem está pensando?
10. Você crê que o brasão é para vender? Porquê?

Perguntas

11. Explique a diferença entre um casaco não trespassado e um trespassado.
12. O que é uma etiqueta de preço?
13. Em que consiste um fato?
14. Em que consiste a roupa interior do homem?
15. O que têm em comum um cinto, uma carteira, e um par de sapatos?
16. Que roupa tem botões?
17. Quantas algibeiras tem um par de calças?
18. Se um norteamericano [norte-americano] usa um fato, onde guarda a carteira? E um europeu?
19. Quais são as duas medidas que se necessitam para comprar uma camisa?
20. Você tem uma preferência quanto às cores da roupa?

Temas

1. O que visto e o que não visto, e porquê.
2. Como exibir a roupa na montra.
3. A roupa não faz o homem.

to shop-fazer compras, ir às compras
to spend-gastar
pôr na conta to charge- cargar(encarregar)na conta
to pay cash-pagar em dinheiro
to ring up a sale-registar uma venda
to hold,(to extend)-estender, ficar com
to try on-provar,vestir, experimentar
to be right-ter razão
to look for-procurar, buscar
to open-abrir
to wait on-servir, atender
to be found-encontrar-se

the department store-a loja grande *armazen*
counter-o balcão
cash register-a caixa
salesman-o vendedor
saleslady-a vendedora
customer-o freguês, o cliente
shopper-o comprador, a compradora
charge account-a conta corrente
aisle-a passagem, a carreira
profit-o lucro

department-o departamento, a se(c)ção
sale(bargain)-a liquidação, o saldo
sale(transaction)-a venda
for sale-à venda
size-o tamanho, o número
clothing-a roupa
adornment-a prenda
mirror-o espelho
drawer-a gaveta
jewelry-as jóias
necklace-o colar
earring-o brinco
bracelet-o bracelete, a pulseira
brooch-o broche
flower-a flor
purse-a carteira, a bolsa
stockings-as meias
hat-o chapéu
gloves-as luvas
sweater-a camisola
blouse-a blusa
fur coat-o casaco de peles
only-unicamente

A LOJA GRANDE

Análise do Desenho

1. Onde é que está a compradora que não está ao lado dum balcão?
2. O que é que a vendedora com a gaveta aberta está procurando?
3. Porque é que a senhora que está em frente do espelho não está usando luvas?
4. Que coisas há sobre o balcão da secção de jóias e no primeiro plano?
5. Porque é que só há vendedoras e não vendedores?
6. O que é que está passando na secção de luvas?
7. A roupa que a cliente tem é uma camisola ou uma blusa? Porque é que não é boa ideia provar a roupa dessa forma?
8. O que faz a vendedora na secção de carteiras?
9. Como é que você sabe que a bolsa em frente do espelho não se vende?
10. Onde está a caixa e o que é que se faz ali?
11. Que peças de roupa neste desenho seriam difíceis de comprar se a cliente não soubesse o tamanho? Porquê?
12. Qual das vendedoras usa alguma coisa que ela mesma também vende?

Perguntas

13. Qual é a vantagem de ter uma conta corrente?
14. Qual é a vantagem de pagar em dinheiro?
15. Qual é a diferença entre uma venda e uma liquidação?
16. O que são as lojas grandes?
17. "O freguês tem razão sempre". Explique.
18. Porque gostaria (ou não gostaria) de ser vendedora numa loja?
19. A maioria dos homens não gosta de fazer compras nas lojas grandes e a maioria das mulheres gosta de fazê-lo. Explique, se é verdade.
20. Porque é que as lojas grandes preferem que os clientes tenham contas correntes?

Temas

1. Como escolher uma carteira.
2. Como eu gastaria mil dólares numa loja grande.
3. Um dia fazendo compras com a mãe, do ponto de vista dum(a) menino(a) de cinco anos.

to go grocery shopping-fazer compras de mercearia
to add up the bill-somar a conta
to wait in line-fazer bicha fazer fila
to slice-cortar em fatias
to resemble-assemelhar-se a, parecer-se com
to weigh-pesar
to leave-deixar; sair, ir-se embora, partir
to have just-acabar de
to push-empurrar
to pull-puxar
to melt-derreter
to peel-pelar
to drop-deixar cair
to collect-cobrar
to defrost-descongelar

shopper-o comprador, a compradora
cash register-a caixa
price-o preço
purse-a bolsa
groceries-as mercearias
canned goods-alimentos enlatados
bag-a saca, o saco
pushcart-o carro de compras
pound-a libra
quart-o quarto
vegetable-o vegetal, o legume
lettuce-a alface
apron-o avental

supermarket-o supermercado
clerk-o vendedor
cashier-o encarregado da caixa
purchase-a compra
counter-o balcão, o mostrador
can-a lata
scale-a balança
kilo-o quilo (kilo)
liter-o litro
fruit-a fruta
milk-o leite
cauliflower-a couve-flor
pencil-o lápis
ear-a orelha
meat-a carne
banana-a banana
pear-a pera
grapefruit-a toronja
carrot- a cenoura
spinach-o espinafre
frozen-congelado
apple-a maçã
peach-o pêssego
orange-a laranja
tomato-o tomate
celery-o aipo
leaves-as folhas
grapes-as uvas
plum-a ameixa

O SUPERMERCADO

Análise do Desenho

1. O que fez o menino?
2. Que mercearias já escolheu a compradora?
3. Quem é que usa um avental e o que está fazendo?
4. Para que usa a vendedora o lápis que tem na orelha?
5. O que é que poderíamos deduzir desta cena se soubéssemos que a balança pesa em libras ou em quilos?
6. O que é que você vê ao fundo à direita?
7. O que é que a compradora do primeiro plano faz com as mãos?
8. O que é que a compradora do primeiro plano estará pensando?

Perguntas

9. Quem é que compra as mercearias na sua família? Porquê?
10. Descreva alguns legumes. Quais se cortam em fatias? Quais se descascam?
11. Descreva algumas frutas.
12. Em que se assemelham a alface e o espinafre?
13. O que é um encarregado da caixa?
14. Porque se deve deixar os legumes congelados para o fim, quando vai às compras?
15. Onde e porque se faz bicha num supermercado?
16. Onde se vende o leite por litro? E por quarto?
17. Quais são algumas das coisas que se podem comprar em latas?
18. Quando e porque é que se põem as compras num saco?
19. Porque é que gosta (ou não gosta) de comprar as mercearias?
20. Quanto custam as mercearias da sua família, por semana?

Temas

1. As vantagens e desvantagens, relativas, entre os produtos congelados e os enlatados.
2. A diferença entre um homem e uma mulher fazendo compras num supermercado.
3. O supermercado norteamericano.

to take turns-ter cada um a sua vez (reverense)
to fill a prescription-preparar uma receita, prescrição
to renew-renovar
to prescribe-receitar, prescrever
to attend(wait on)-atender, ajudar
to display-exibir, mostrar
to smoke-fumar
to chew-mascar, mastigar

drug store-a farmácia
pharmacist-o farmacêutico
license-a licença
bottle-a garrafa, o frasco, vidro
jar-o jarro, boião
box-a caixa
soap-o sabão, o sabonete
chewing gum- a pastilha elástica chiclette
package-o pacote
carton of cigarettes-o pacote ou maço de cigarros
cigar-o charuto
bath powder-o pó do talco
sunglasses-os óculos de sol, os óculos escuros

tube of toothpaste-um tubo de pasta dentifrícia
label-o letreiro, o rótulo, a etiqueta
magazine-a revista
counter-o mostrador, o balcão
prescription-a receita, a prescrição
drug-a droga
medicine-a medicina, o medicamento
dosage-a dosagem, a dose
doctor-o médico, o doutor
pill-a pílula, o comprimido
aspirin-a aspirina
cosmetics-os cosméticos
cologne-a colônia
perfume-o perfume
nail polish-o verniz para as unhas
shelf-a prateleira, a estante
soda fountain- balcão para servir bebidas gasosas
wall-a parede
besides-além disso
too much-demais (after a noun), demasiado

A FARMÁCIA

Análise do Desenho

1. Quais são algumas das coisas que se exibem nas estantes?
2. O que contém a garrafa que a senhora tem na mão?
3. Quais são as informações insertas na etiqueta que a senhora está lendo?
4. O que é que o farmacêutico está fazendo?
5. Quais são as garrafas de verniz para as unhas?
6. Porque é que as drogas e os medicamentos não estão nas prateleiras com os produtos de beleza?
7. Geralmente falando, quais são algumas coisas mais que a farmácia norte-americana contém, além das que estão no desenho?
8. O que é que se exibe na parede ao lado dos medicamentos?
9. Quem é que o farmacêutico está atendendo? Porque é que tem essa opinião?

Perguntas

10. Onde se preparam as receitas? Quem as receita?
11. Quantos cigarros há num pacote (maço)? Um cartão?
12. Onde é que não se deve nem mascar pastilha elástica nem fumar?
13. Na Europa as farmácias têm os seus turnos para ficarem abertas toda a noite. O que é o propósito disso?
14. Qual é a diferença entre um jarro e uma garrafa?
15. Indique uma pílula para a qual não se necessita uma receita.
16. Quais são os artigos duma farmácia que um homem compraria para si próprio? Quais compraria uma mulher?
17. Qual é a informação que nos dá o letreiro duma garrafa ou dum cartão?
18. Quantas pastilhas elásticas há num pacote?
19. Em que vem a pasta dentifrícia? Os comprimidos?
20. Qual é a diferença entre um cigarro e um charuto?

Temas

1. A diferença entre uma farmácia europeia e uma norteamericana.
2. Os cosméticos.
3. Como escolher os óculos de sol.

to feed-alimentar, dar de comer	cage-a jaula, a gaiola
to bark-ladrar	net-a rede
to meow-miar	claw-a garra
to sing-cantar	habitat-a morada, o "habitat"
to sleep-dormir	siamese cat-o gato siamês
to climb-trepar	dog-o cão
to become-tornar-se	puppy-o cachorro
to escape-escapar	canary-o canário
to take out-tirar	fish-o peixe
to eat-comer	paw-a pata
to grow-crescer	tree-a árvore
to catch-agarrar, apanhar, pegar	head-a cabeça
	tank-o tanque
pet shop-a loja dos animais domésticos	container-a vasilha
kitten- o gatinho	cat food-a comida para gatos
rabbit-o coelho	white hair-cabelo branco
bird-o pássaro	expensive-caro, custoso
cute-bonito, engraçadinho	inexpensive-barato
	elderly-de idade madura

A LOJA DE ANIMAIS DOMÉSTICOS

Análise do Desenho

1. Descreva as duas pessoas na loja de animais.
2. O que é que as duas pessoas estão fazendo?
3. Onde é que você vê um gato siamês?
4. Em que jaula está o coelho?
5. Se todos os animais tivessem a sua liberdade dentro da loja deste desenho, o que é que se passaria?
6. Qual é o habitat natural de cada um dos animais na loja deste desenho? —o ar, a terra, a água?
7. Qual dos animais é o mais amável, na sua opinião?
8. Porque é que você crê que o velho quer comprar um peixe?
9. O que é que os três cachorros estão fazendo?
10. Qual dos animais do desenho será o maior quando crescer?
11. Como é que sabemos que a gaiola está em frente e não atrás da velha?
12. Dos animais que se vêem no desenho, qual será o mais caro? E o mais barato? Porquê?

Perguntas

13. Quais são as diferenças e as semelhanças mais notáveis entre um gato, um cão, e um coelho?
14. Descreva a diferença entre um cão e um cachorro.
15. Que classe de animal doméstico é que você prefere? Porquê?
16. O cão ladra. Que fazem os gatos? Os canários?
17. Indique alguns animais que têm quatro patas.
18. Que animal doméstico não come muito?
19. O que é que um animal necessita para trepar às árvores?
20. O que quis dizer Ogden Nash quando escreveu que "o único problema com um gatinho é que cresce e se converte num gato"?

Temas

1. Porque gosto (ou não gosto) de gatos.
2. O que diriam uns aos outros os animais numa loja de animais domésticos, se pudessem falar.
3. Se eu fôsse animal doméstico.

to start-pôr em marcha
to drive-conduzir, guiar, passear, dirigir(b)
to drive(a distance)-viajar
to park-estacionar, arrumar
to blow(horn)-tocar, apitar, abuzinha
to sit-sentar-se, estar sentado
to be cold-fazer frio
to be hot-fazer calor

automobile-o automóvel, o carro
engine-o motor
driver-o motorista, o condutor,
   o "chofer"   (conductor)
passenger-o passageiro
front seat-o assento de frente
rear seat-o assento de trás
seat belt-o cinto de segurança
steering wheel-o volante
horn-a buzina
windshield-o parabrisas
windshield wiper-o limpa-parabrisas
hood-o capô , tejadilho
glove compartment-o portaluvas
dashboard-o painel de instrumentos *(tablier)*
clock-o relógio
heater-o aquecimento
air conditioning-o ar condicionado
button, knob-o botão /o condicionamento
                  do ar

light-o farol, a lâmpada
pedal-o pedal
accelerator, gas pedal-o acelerador
starter-o motor de arranque
brake-o travão, freio
emergency brake-o travão de
   emergência, de mão
clutch-a embraiagem
automatic transmission-a transmissão automática
standard transmission-a transmissão
   tradicional, manual
speed-a velocidade
speedometer-o conta-quilómetros
odometer-o odómetro
mile-a milha
kilometers per hour-quilómetros por
   hora
second-o segundo
door-a porta
handle-o puxador da porta
window-a janela
electric window-a janela elé(c)trica
mirror-o espelho
eyeshade-a pala do sol, a viseira
armrest-o apoiabraços
ash tray-o cinzeiro
through-por, através de

46

O AUTOMÓVEL

        Análise do Desenho

1. Como sabe você que este carro não tem janelas eléctricas?
2. Onde é o motor?
3. O que é que há entre as palas de sol (as viseiras) ?
4. O que é que há no painel de instrumentos?
5. Como se chama o pedal à direita do freio (o travão) ?
6. O que é que se vê no assento de frente?
7. Para que serve o objecto sobre a roda do volante?
8. Porque é capaz de fazer frio e calor dentro do carro?
9. O que é que a porta à direita tem que a outra não tem?
10. Onde é que teríamos de estar sentados para poder ver o que se vê neste desenho?
11. Como é que você sabe que este carro tem transmissão automática?
12. Você crê que este carro é novo ou velho?
13. Quantas pessoas podem viajar neste carro?

        Perguntas

14. Mencione a diferença entre o conta-quilómetros e o odómetro?
15. Quando se usa o travão de emergência?
16. Onde se senta o condutor? Onde é que os passageiros podem sentar-se?
17. Diga a equivalência em milhas se você conduz a cem quilómetros por hora.
18. Quantos quilómetros equivale a 400 milhas?
19. Para que é que um bom condutor usa o espelho?
20. Quais são algumas das coisas que se podem guardar na portaluvas?

        Temas

1. A descrição do interior dum carro norteamericano.
2. Como escolher um carro.
3. Como ser um bom condutor.

to get(put in)gasoline-pôr gasolina *meter gasolina*
to get water-pôr água
to get(put in)air-pôr ar (nos pneus)
to lubricate, grease-lubrificar
to change the oil-mudar o lubrificante
to fill-encher
to take-levar, desmontar
to take a trip-fazer uma viagem, excursão, viajar
to cover a distance-percorrer, atravessar
to turn on(light)-ligar
to start-pôr em marcha
to turn off(a light)-desligar, apagar
to run-funcionar
to drive-conduzir
to own-ser dono de, proprietário de
to identify-identificar
to hurt, do harm to-doer, fazer mal a, magoar, perjudicar, fazer danos a (causar)
to save-poupar

gas station-a estação de serviço, ou de gasolina, *bomba de gasolina*
motorist-o motorista, o condutor (conductor)
passenger-o passageiro
attendant-o empregado
automobile-o carro, o automóvel
engine-o motor

tire-o pneu, o pneumático
sedan-o sedan
coupe-o coupé
convertible-conversível, *descapotável*
white wall tire-o pneu de banda branca
wheel-a roda
trunk-o baú *mala*
headlight-o farol
tail light-a luz, a lanterna traseira *farolim*
bumper-o pára-choques
pump-a bomba
hose-a mangueira, o tubo flexível
license plate- a placa, a chapa de licença *matrícula*
license-a licença, *a carta*
lubrication-o lubrificante
grease gun-a pistola de graxa
rack-a plataforma
battery-a bateria
radiator-o radiador
crankcase-o cárter
seat-o assento
map-o mapa
tank-o reservatório, *o depósito*
gallon-o galão
liter-o litro
oil-o óleo(no carro)
foreign-estrangeiro
to kill two birds with one stone-matar dois coelhos duma só cajadada.

A ESTAÇÃO DE SERVIÇO

Análise do Desenho

1. O que é que o empregado no primeiro plano está fazendo?
2. O que é que nos faz supôr que o motorista vai fazer uma viagem?
3. Quais são as partes do carro que se vêem no primeiro plano?
4. Para que se usam as duas mangueiras deste desenho?
5. Porque é que poderíamos dizer que o empregado no primeiro plano está "matando dois coelhos duma só cajadada?"
6. Porque é que o carro no primeiro plano parece ou não parece ser estrangeiro?
7. Quais são algumas das diferenças entre o carro que está na plataforma e o que está ao lado da bomba?
8. O que é que o homem que está debaixo da plataforma tem na mão e o que está fazendo?

Perguntas

9. Para que serve a placa de matrícula?
10. Onde se põe água num carro?
11. Se a gasolina custa $.38 o galão, quanto custa encher o reservatório?
12. Se encher o reservatório com 52 litros, quantos galões terá comprado?
13. De quantas em quantas milhas se deve mudar o óleo?
14. Que tipo de serviço se pode receber numa estação de serviço?
15. Porque não se deve ligar os faróis quando não anda o motor?
16. Se você é proprietário dum carro, descreva-o. Se não é, porquê?
17. A 15 milhas por galão, quantas milhas se pode percorrer com 18 galões de gasolina no reservatório?
18. Porque é que a maioria das estações de serviço tem mais do que uma bomba?
19. Quais são as diferenças entre um sedan, um coupé e um conversível?
20. Porque é difícil lubrificar um carro sem ir a uma estação de serviço?

Temas

1. O que custa ser proprietário dum automóvel.
2. Os deveres dum empregado numa estação de serviço.
3. Como poupar a gasolina.

to board-subir a bordo, embarcar, bordar
to check-fiscalizar
to take off-descolar
to fasten the seat belt-apertar bem o cinto
to land-aterrar .aterrissar (b)
to pick up-recolher, apanhar, levantar
to smoke-fumar
to lose-perder
to show-mostrar
to wave-acenar com a mão
to paint-pintar
to be about to-estar a ponto de, estar para

airport-o aeroporto
airplane-o avião
airline-a linha aérea
jet-o jacto, avião de jacto, (jato)
pilot-o piloto
stewardess-a hospedeira de bordo, aeromoça
steward-aeromoço
flight-o vôo
passenger-o passageiro
ticket-o bilhete
ticket office-a bilheteira
reservation-a reserva
list-a lista
gate-a porta
observation platform-o terraço
control tower-a torre de contrôle
waiting room-a sala de espera
baggage-a bagagem
baggage inspection-a inspe(c)ção da bagagem

suitcase-a mala
baggage claim room-a sala de reclamação de bagagem
first class-primeira classe
economy class-a classe económica, turista, turistica
tourist-o turista
customs-a alfândega
immigration-a imigração
documents(passport, entry card, vaccinations...)-a documentação
passport-o passaporte
take off-a partida, a descolagem
landing-a aterragem
arrival-a chegada
departure-a saída
cockpit-a cabina (do piloto)
engine-o motor
wing-a asa
tail-a cauda
propeller-o hélice, o propulsor
seat-o assento, o lugar
flag-a bandeira
cart-a carreta, a carroça
baby-o bebê, o menino, a criança
crew-a tripulação
smoking section-a se(c)ção de fumo
fog-o nevoeiro
airsickness-o enjôo
international-internacional
domestic-nacional
stopped, standing, located-parado
since, in as much-por quanto, visto que
from-procedente de
to-com destino a

O AEROPORTO

        Análise do Desenho

1. Como é que você sabe que este é um avião de jacto?
2. Quantos motores tem este avião? Como sabe?
3. Visto que este avião tem uma bandeira dos Estados Unidos pintada na cauda, que tipo de vôo será?
4. Onde é que os pilotos e as hospedeiras estão?
5. Como é que você sabe que este avião vai descolar?
6. Qual dos passageiros talvez vá ter problemas durante o vôo? Porquê?
7. A quem é que está acenando alguém?
8. Quem não fiscalizou uma mala?
9. O que tem na mão o homem que está ao lado da porta de saída?
10. O que há por cima da carreta?
11. Onde é o terraço?
12. Onde ficará a sala de espera?

        Perguntas

13. O que deve fazer e o que não deve fazer um passageiro durante a partida e a aterragem?
14. Quais são algumas das diferenças entre a classe turista(económica) e primeira classe?
15. Onde se recolhe a bagagem? Quando é necessária a inspecção da bagagem?
16. O que é um turista?
17. Onde se fazem as reservas e onde se recolhem os bilhetes?
18. Porque não há alfândega nos vôos nacionais?
19. Porque não se deve guardar o passaporte na mala?
20. Num vôo procedente de New York com destino a Lisboa, onde, quando, e a quem se deve mostrar a documentação no aeroporto de Lisboa?

        Temas

1. A descrição dum avião.
2. Os deveres duma hospedeira de bordo.
3. O dia em que a linha aérea perdeu a minha bagagem.

to take(catch) a train-tomar
to check-investigar, examinar
to claim-reclamar
to travel-viajar
to depart-partir, sair
to arrive-chegar
to stop(at)-parar em, fazer alto em
to help-ajudar
to carry-levar
to eat-comer
to browse-ler irregularmente, folhear

railroad station-a estação do caminho de ferro
train-o comboio, o trem
freight train-o comboio de carga
express train- o comboio expresso
local train-o comboio local, o comboio de cercancias, tranvia
locomotive-a locomotiva
engineer-o engenheiro
conductor-o condu(c)tor
porter-o bagageiro, o moço de fretes, o porteiro
ticket-o bilhete
ticket window-a bilheteira
one-way ticket-o bilhete de ida e volta
platform-o cais, a plataforma

timetable-o horário
baggage-a bagagem
baggage check room-o quarto do depósito da bagagem, consigna
locker-o armário para a bagagem
suitcase -a mala
passenger-o passageiro
first class-a primeira classe
second class-a segunda classe
third class-a terceira classe
pullman-a carruagem-cama
diner-o vagão-restaurante
track-a via, o carril, a linha
cart-a carreta
newstand-o quiosque
magazine-a revista
coat-o sobretudo
arm-o braço
time-a hora
time(occasion)-a vez, a ocasião
place-o lugar
little old lady-a velhinha
bag-o saco
instead of-em vez de
besides-além de
nowadays-hoje em dia
late-tarde, atrasado
early-cedo

A ESTAÇÃO DO CAMINHO DE FERRO
da Estrada de Ferro (B)

Análise do Desenho

1. Que tipo de locomotiva há na via?
2. Que tipo de locomotiva é mais comum nos Estados Unidos, hoje em dia?
3. O que está fazendo o homem ao lado do quiosque?
4. Descreva a velhinha.
5. O que se está passando na bilheteira?
6. Onde é que estará o moço de fretes?
7. O que é que o conductor está fazendo?
8. O que está fazendo o homem com o sobretudo sobre o braço?
9. Quantas malas é que você vê e onde está cada uma delas?

Perguntas

10. O que é um moço de fretes?
11. Como se pode viajar economicamente?
12. O que se pode fazer numa estação do caminho de ferro além de tomar um comboio (trem) ?
13. Onde se come num comboio?
14. Geralmente, qual é a vantagem de comprar um bilhete de ida e volta em vez de um de ida?
15. O que é um horário?
16. Qual é a diferença entre um comboio expresso e um de paradas locais?
17. Se um comboio chega às 7:00 da noite, como se pode indicá-lo nos horários europeus?
18. Porque é que não há uma carruagem-cama num comboio de carga?
19. Onde é que se deixam as malas se chega à estação muito cedo e não deseja levar as malas consigo?
20. Quando foi a sua última viagem de longa distância?

Temas

1. A comparação entre os comboios europeus e os norteamericanos.
2. O comboio chegou atrasado.
3. A história duma velha que viajava sozinha.

to take a trip-viajar, fazer uma viagem
to sail-içar as velas, fazer-se à vela, ir à vela, viajar por mar
to sink-afundar-se
to wave-acenar com a mão
to distinguish-distinguir
to come out-sair

harbor, port-o porto
pier, dock-o cais, a doca
ship-o navio, o barco
captain-o capitão
sailor-o marinheiro
passenger-o passageiro
passage, trip-a viagem
life boat-o barco salva-vidas
tugboat-o rebocador
freighter-o barco de carga
steamer-a marinha, o vapor
submarine-o submarino
aircraft carrier-o porta-aviões

destroyer-o destróier, o contra-torpedeiro
deck-a coberta
porthole-a vigia
mast-o mastro
pennant-o galhardete, a bandeirola
propeller-o hélice, o propulsor
side-o lado, o costado
bow-a proa
stern-a popa
end-o extremo
stateroom, cabin-o camarote
sea-o mar
seagull-a gaivota
skyline-o horizonte, a silhueta de edifícios contra o céu
smoke-o fumo, a fumaça
smokestack-a chaminé
truck-o camião
building-o edifício, o prédio
responsible-responsável
person in charge-o responsável
together-juntos
ready-pronto, preparado

O PORTO

       Análise do Desenho

1. De onde sai a fumaça?
2. Onde é que se vêem os galhardetes?
3. Quantas cobertas se vêem e quem estão nelas?
4. Onde é que as vigias se encontram?
5. Como podemos distinguir a proa da popa dum barco?
6. Porque é que não se vêem os camarotes?
7. Como sabemos que o barco no cais não é da marinha?
8. Onde é que se vê um camião?
9. O que é que os três homens que estão juntos no cais estão dizendo?
10. Porque é que uma gaivota é típica duma cena como esta?
11. Descreva o horizonte deste desenho.
12. Descreva o porto.
13. Que tipo de barco se vê ao fundo?
14. Como é que você sabe que a senhora à esquerda conhece alguém no barco?

       Perguntas

15. Quem é a pessoa responsável por tudo o que se passa num barco?
16. Quando se usam os barcos salva-vidas?
17. Em que extremo do barco fica o hélice?
18. O que é um submarino?
19. Quais são algumas diferenças entre um porta-aviões e um contratorpedeiro?
20. Quais são as vantagens e desvantagens duma viagem por barco?

       Temas

1. O mar.
2. A viagem que quero fazer (ou que já fiz).
3. O porto visto desde a coberta dum barco.

to mail-mandar pelo correio, deitar no correio
to register-registar *registrar*
to deliver-entregar, distribuir
to weigh-pesar
to collect-cobrar, reunir
to lose-perder
to delay-demorar, atrasar, tardar

post office-o correio, a agência de correios
letter-a carta
postcard-o postal
envelope-o envelope
stamp-o selo, o timbre, a estampilha
sheet of stamps-a folha de selos
airmail-correio aéreo, por avião
airmail stamp-o selo aéreo
special delivery-a entrega urgente, expresso
special delivery stamp-o selo de urgência
commemorative stamp-o selo comemorativo
mail box-a caixa do correio

regular mail-o correio normal
ounce-a onça
pound-a libra
package-a encomenda, o pacote
postage-a franquia
domestic-doméstico
foreign-estrangeiro
return address-o remetente
postmark-o carimbo do correio
postal meter-o medidor postal
metered postage-a porte medida
mailman-o carteiro
P.O. Box-a caixa postal (C.P.)
home delivery-a entrega ao domicílio
general delivery-a entrega corrente
C.O.D.-à cobrança
clerk's window-o guichê
purse-a bolsa, a porta-moedas
mouth-a boca
week-a semana
other-outro, o resto

O CORREIO

Análise do Desenho

1. O que é que a senhora no primeiro plano está fazendo?
2. Porque é que a senhora tem as cartas na boca?
3. Quem é que tem encomendas e onde está esta gente?
4. Que homem não tem encomenda e o que está fazendo?
5. O que a senhora à esquerda está fazendo?

Perguntas

6. Quanto custa um selo para uma carta por correio ordinário nos Estados Unidos?
7. O que é um postal e que franquia necessita?
8. O que quer dizer "à cobrança"?
9. Que cores num envelope indicam que a carta vai por correio aéreo?
10. Porque é que a franquia doméstica custa menos que a franquia no estrangeiro?
11. Em que dia da semana não há entrega ao domicílio nos Estados Unidos?
12. O que é que o carimbo de correio indica?
13. Quantas onças há numa libra?
14. Que diferença há entre o correio ordinário de primeira classe e as outras classes?
15. Em que partes do envelope é que se escreve?
16. Para que se certificam e se registam as cartas?
17. O que ocorre quando se manda uma carta sem selo?
18. O que quer dizer porte medida ?
19. O que quer dizer entrega corrente ?
20. Porque é que se pesa um pacote antes de mandá-lo pelo correio?

Temas

1. Os selos comemorativos norteamericanos.
2. O que se passa no correio.
3. Porque gostaria (ou não gostaria) de ser carteiro.

to check in, register-inscrever-se, registar-se
to check out-ir-se embora, partir
to show to one's room-levar ao quarto
to pay the bill-pagar a conta
to stay at a hotel-ficar num hotel
to clean the room-limpar a habitação, o quarto
to carry, wear-levar, usar, vestir
to request-pedir
to call-chamar; telefonar
to receive-receber
to be accustomed to-estar acostumado a, habituar-se

hotel-o hotel
motel-o motel
room-a habitação, o quarto
suitcase-a mala
luggage-a bagagem
front desk-a recepção
desk clerk-o recepcionista
bellboy-o mensageiro, o moço
guest-o hóspede
mail-o correio
mailbox-a caixa do correio

mailbox(small)-os compartamentos postais
key-a chave
lobby-o vestíbulo
elevator-o ascensor, o elevador
floor-o soalho, o chão
story-o andar
ground floor-o rés-do-chão, o andar térreo
first floor-o primeiro andar (segundo andar norteamericano)
maid-a criada, a moça, a empregada
service-o serviço
room service-o serviço de quarto
tip-a gorjeta, a gratificação
rug-o tapete
mirror-o espelho
fur coat-o casaco de peles
hat-o chapéu
purse-a bolsa
arm-o braço
logic-a lógica
unlucky-desventurado, sem sorte, desafortunado
outside of-fora de

O HOTEL

Análise do Desenho

1. Que coisas fazem você pensar que este é um hotel bom e bastante grande?
2. Quem tem chapéu?
3. Quantas malas se vêem e onde estão?
4. Quantos ascensores há e onde estão?
5. Como sabemos que os hóspedes se estão inscrevendo e não partindo do hotel?
6. O que é que a senhora tem no braço esquerdo? E no braço direito? E na mão esquerda?
7. Quem é que está dando uma chave a quem? Porquê?
8. Onde estão os compartamentos postais? O que é que há em cada um?
9. O que é que você vê ao fundo à direita?
10. Quantos mensageiros se notam no desenho? Onde estão? O que é que estão fazendo?

Perguntas

11. Quando é que o hóspede acostuma pagar a conta num hotel?
12. Quando e porque se dão gorjetas aos mensageiros?
13. Quando se pede o serviço de quarto?
14. Porque acha que alguns hotéis não usam o número 13 na numeração dos andares?
15. Você sabe que fora dos Estados Unidos o que aqui se chama o primeiro andar é o rés-do-chão, e o que é o nosso segundo é o seu primeiro, e assim sucessivamente? Explique a lógica dos dois sistemas.
16. Quando limpam os quartos?
17. Como se diz em português "the rug on the floor of the third floor"?
18. Onde é que você prefere ficar, num hotel ou num motel? Porquê?
19. Porque é que a maioria dos moteis não tem elevadores?
20. Como se pode receber a correspondência num hotel?

Temas

1. As diferenças entre um hotel e um motel.
2. O vestíbulo dum hotel.
3. O que me disse o mensageiro.

```
                        CAFÉ   RIO-LISBOA
  Sopas(Soups)                          Verduras , Legumes

  Creme de Tomate(Tomato Soup)            Feijão(Beans)
  Sopa de Galinha(Chicken Soup)           Espargos(Asparagus)
  Caldo Verde                             Alface(Lettuce)
  Canja de galinha                        Ervilhas(Peas)
  Peixes Frios (Cold Fish Plates)         Espinafre(Spinach)

  Ostras(Oysters)                       Outros Pratos Acompanhantes
  Polvo(Octopus)                        Other Side Dishes
  Cocktail de Camarão(Shrimp Cocktail)    Arroz(Rice)
  Sardinha à Portuguesa(Portuguese Style  Batatas(Potatoes)
  Lagosta(Lobster)         Sardines)      Farofa(Dish of Manioc Meal)
  Atum(Tuna)                              Cebolas(Onions)
  Enguias (Eels)
                                        Sobremesas (Desserts)
  Peixes Grelhados ou Fritas (Grilled or Fried
                                  Fish) Frutas(Fruits) Etc.
  Badejo(Bass)                              Pêssegos(Peaches)
  Linguado(Sole,Flounder)                   Maçã Assada( Baked Apple)
  Pescadinha(Weakfish)                      Melão(Melon)
  Bacalhau(Codfish)                         Sorvete,Gelado(Ice Cream)
  Polvo(Octopus)                            Salada de Frutas(Fruit Cocktail)
  Lulas(Squid)                              Quindim(Coconut Candy)
  Siri, Caranguejo(Crab)                    Banana ao Rum(Bananas and Rum)
  Camarões(Shrimp)                          Pudim(Pudding-Flan)
  Lagosta(Lobster)        Sempre temos     Mamão(Papaya)
  Mexilhões(Mussels)     Feijoada e Paelha  Abacaxí,Ananás(Pineapple)
                                            Figos Frescos(Fresh Figs)
  Carnes(Meats)                             Laranjas(Oranges)
                                            Uvas(Grapes)
  Bife(Steak)                               Morangos com Nata(Strawberries
  Galinha,Frango(Chicken)                     and Cream)
  Porco(Pork)
  Cordeiro Assado(Roasted Lamb)         Bebidas(Drinks)
  Escalopes de Vitela(Veal Cutlets)
  Churrasco(Barbecued Beef)             Vinho Tinto,Branco,Rosé(Red,
  Perú(Turkey)                              White or Rosé Wine)
  Chouriço,Salsisha(Sausage)            Café(Coffee)
  Fígado(Liver)                         Chá(Tea)
  Coelho(Rabbit)                        Coca-Cola(Coke)
                                        Limonada(Lemonade)
  (Preços na Lista Anexa-Prices Attached)  Cerveja(Beer)
```

to order-pedir, ordenar
to eat-comer, tomar
to go-ir, ir-se embora, despedir-se

restaurant-o restaurante
menu-a ementa, a lista, o menú, a carta
tip-a gorjeta, a gratificação
meal-a comida
dinner-o jantar
lunch-o almoço
hors d'oeuvre-o aperitivo, os acepipes
cheese-o queijo
ham-o presunto
cured ham-o fiambre
manioc-mandioca
oil-o azeite
skewer-o espeto
butter-a manteiga
bread-o pão
plate,dish-o prato
green-verde
a la carte-fora de lista, "a la carte"
included-incluído

cooking-a arte culinária, o acto de cozinhar
course(part of a meal)-o prato
cruzeiro-monetary unit of Brazil approx. 14 cr.-$1.00 (8/77)
escudo-monetary unit of Portugal approx. 38 esc.-$1.00 (8/77)
quart-o quarto
liter-o litro
half-a metade, meio
half-order-a meia-dose
mixed-misto, misturado
rare(meat)-mal passado
medium-não muito bem passado
well-done-bem passado
tough-duro
in the Brazilian style-à brasileira
in the Portuguese style- à portuguesa
luxurious-luxuoso, luxurioso
outside of-fora de
inside of-dentro de
fixed price-preço fixo, estabelecido

A EMENTA (A LISTA)

Perguntas

1. Nomeie os pratos na ementa que você tem experimentado.
2. Descreva o que é feijoada.
3. Descreva o que é uma paelha.
4. O que quer dizer "a la carte?"
5. O que é um aperitivo?
6. O que quer dizer serviço incluído?
7. Se você pedisse um jantar dos pratos mencionados na lista, o que seria e quanto custaria?
8. Diga uma vantagem de escolher a especialidade da casa ou o prato do dia.
9. Geralmente se paga mais "a la carte." Explique.
10. Que tipo de carne prefere? Porquê? De que tipo não gosta? Porquê?
11. Depois de comer um jantar que custou 70 escudos, quanto deixaria como gorjeta?
12. Quanto é em dólares uma comida que custou 70 cruzeiros? 95 escudos?
13. Das bebidas mencionadas, qual é o mais popular no Brasil? Porquê?
14. Com que tipo de comida se toma o vinho tinto? O branco? O rosé?
15. Como prefere comer carne: mal passada, não muito bem passada, ou bem passada? Porquê?
16. O que é que você sabe da comida típica brasileira? Portuguesa?
17. Quais são os países das Américas cuja comida tem muita influência africana?
18. Você alguma vez comeu num restaurante muito luxuoso? Quando e Porquê?
19. Qual seria o nome que você daria a um restaurante se tivesse a oportunidade?
20. Descreva a preparação dum prato que você já tem preparado.

Temas

1. Um bom restaurante em que comi recentemente.
2. As características da comida brasileira ou portuguesa.
3. Uma conversação que tive num restaurante.

to spend-gastar
to save-poupar, economizar
to pay-pagar
to maintain-manter
to review-rever, repassar, revistar, recapitular
to predict-prever, predizer
to exceed-exceder, superar
to need-precisar de, necessitar

family finances-as finanças familiares
budget-o orçamento
income-o rendimento
expense, expenditure-a despesa, o gasto
incidental expenses-as despesas casuais
money-o dinheiro
down payment-o abono, a entrada
purchase-a compra, a aquisição
installment purchase-a compra a prazo, a compra a prestações
amount-a quantia, o valor, a soma
bill-a conta
salary-o salário, o ordenado
dollar-o dólar
checkbook-o livro de cheques
check stub-o talão de cheques
account-a conta
charge account- a conta corrente
career-a profissão, a carreira
rent-a renda, o rendimento, o aluguel
mortgage-a hipoteca
utilities-os serviços de primeira necessidade
tax-o imposto, o tributo, a taxa

insurance-o seguro, o prêmio de seguro
interest-o interesse, o juro, o benefício
transportation-a transportação, o transporte
clothes-a roupa, o vestuário
dressing room-o vestiário
food, groceries-a comida, os comestíveis, os alimentos
entertainment-o divertimento
passtime, hobby-o passatempo
vacation-as férias
pocket money-o dinheiro para despesas miúdas
allowance-a mesada
year-o ano
month-o mês
week-a semana
father-o pai
mother-a mãe
husband-o marido, o esposo
wife-a mulher, a esposa
married couple-o casal, o matrimônio
baby-o bebê, o nenê, a criança
crib-o berço, a caminha do bebê
sheet of paper-a folha de papel
medical-médico
dental-dental
monthly-mensal
weekly-semanal
daytime-de dia
nighttime-de noite, à noite

62

AS FINANÇAS FAMILIARES

Análise do Desenho

1. O que é que se vê dentro do quarto de dormir?
2. É de dia ou de noite? Porquê?
3. Nomeie as coisas que há sobre a mesa.
4. O que é que o marido está dizendo à mulher?
5. O que é que a mulher responde ao marido?
6. O que será o maior problema desta casa quanto às finanças familiares?
7. Porque é que este casal precisa de usar um orçamento?
8. Se não tem outros filhos, quanto é que este casal gasta cada mês na alimentação?
9. Invente um orçamento mensal para as despesas do casal do desenho.

Perguntas

10. O que é um "orçamento?"
11. Diga a vantagem de manter um orçamento.
12. Você usa um orçamento para as suas despesas pessoais? Porquê (não)?
13. Diga a sua despesa mensal mais custosa.
14. Se as despesas são mais grandes do que o seu salário, quais são algumas soluções possíveis?
15. Se poupar cinco dólares cada semana, quanto dinheiro terá no banco depois de cinco anos?
16. Quais são algumas despesas típicas no orçamento mensal dum jovem casal?
17. Nem todas as despesas são previstas. Explique. Nomeie algumas.
18. Explique o que é uma compra a prestações.
19. Quais são as vantagens e desvantagens de usar uma conta corrente?
20. O que quer dizer "pocket money?" Explique em português.

Temas

1. O meu orçamento pessoal.
2. Como poupar dinheiro.
3. As jovens mães devem (não devem) ter carreiras.

to pay-pagar
to receive-receber
to lend-emprestar
to borrow-pedir emprestado
to deposit-depositar
to withdraw-retirar, levandar
to open an account-abrir uma conta
to close an account-fechar uma conta
to cash(a check)-descontar, trocar
to earn-ganhar
to spend-gastar
to fill out-preencher
to invest-investir
to form a line-fazer fila, alinhar, fazer(formar) bicha
to sign-assinar
to endorse-endossar, aprovar
to function-funcionar
to forget-esquecer
to refer to-referir-se a
to think, intend-pensar
to lose-perder
to sit down-sentar-se
to rain-chover

bank-o banco
banker-o banqueiro
bank employee-o empregado do banco
teller-o caixeiro, o caixa
teller's window-a janela, o guichê
money-o dinheiro
bank hours-o horário do banco

loan-o empréstimo
interest-os juros, o proveito
mortgage-a hipoteca
deposit slip-a nota de depósito
withdrawal slip-a nota de retirada
check-o cheque
checking account-a conta corrente
checkbook-o livro de cheques
traveler's check-o cheque de viajante
bank book-a caderneta de banco
savings account-a conta (para poupar, guardar)
safe-o cofre
safe deposit box-a caixa de segurança
bill(money due)-a conta
bill(note)-a nota de banco
wallet-a carteira
purse-a bolsa, a porta-moedas
customer-o cliente, o freguês
guard-o guarda
stock market-a bolsa
share of stock-a ação(acção)
sign-o letreiro
desk-a secretária, a mesa, a escrivaninha
waste basket-a cesta do lixo
ledge-a borda, o friso
soon-logo
umbrella-o guarda-chuva
percent-a porcentagem, o porcento
  percentagem

O BANCO

Análise do Desenho

1. Quantas pessoas há no banco? Quantos clientes se podem ver?
2. Quem é que crê que vai chover? Porquê?
3. De que falam as pessoas que estão sentadas?
4. Onde está a cesta do lixo.
5. Você crê que os empregados do banco irão logo para casa? Porquê?
6. Onde é que os clientes formaram bicha?
7. Na sua opinião, o que estão fazendo as pessoas perto da mesa que está no centro do banco?
8. Quem esqueceu algo? O que é que essa pessoa esqueceu? Onde está?
9. A que se refere o 5% no letreiro?
10. Onde está o caixeiro?
11. Onde está o guarda?

Perguntas

12. Você tem muito dinheiro na sua caderneta agora? Porquê? Porquê não?
13. Em que pensa gastar o seu dinheiro?
14. Como se deposita e se retira dinheiro dum banco?
15. O que é uma vantagem duma conta corrente?
16. Descreva o horário típico dum banco.
17. Quando fez a sua última visita ao banco e porque a fez?
18. O que é um juro? Quando o recebe?
19. Qual é a vantagem dos cheques de viajante?
20. Como se desconta um cheque?

Temas

1. Como funciona um banco.
2. As vantagens e desvantagens de ter uma caixa de segurança.
3. Como eu investiria o meu dinheiro se o tivesse.

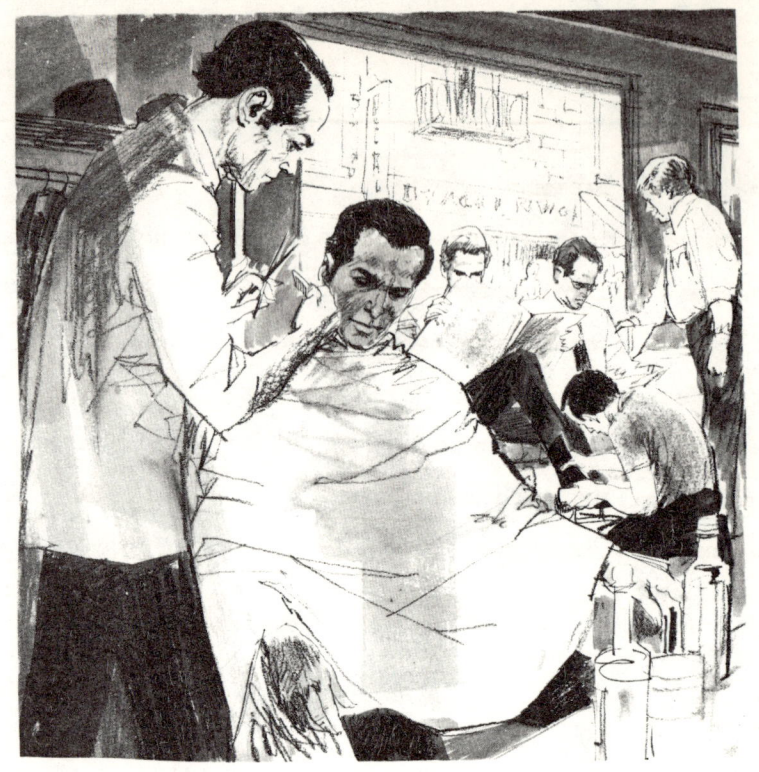

to cut hair-cortar o cabelo
to get a hair cut-ir cortar-~~se~~ o cabelo
to get a shave-~~enfeitar-se~~, barbear-se
to shave-fazer a barba, ~~enfeitar~~
to shine shoes-engraxar os sapatos, dar lustro aos sapatos
to get a shoe shine-engraxar-se os sapatos
to comb-pentear
to wait one's turn-esperar a vez
to be on one's feet-estar de pé

barber shop-a barbearia, o salão do barbeiro
barber-o barbeiro
customer-o cliente, o freguês
hair-o cabelo
haircut-o corte de cabelo
comb-o pente
scissors-a tesoura
shave-a barbeação
shaving cream-o creme de ~~enfeitar~~, o creme de barbear

lather-a espuma de sabão
neck-o pescoço
razor-a navalha de barba
razor blade-a lâmina de barbear, a gilete
safety razor-o aparelho de barbear
electric razor-a máquina eléctrica de barbear
clippers-o cortador
beard-a barba
whiskers-as barbas
moustache-o bigode
sideburns-as suiças, as costeletas *patilhas*
soap-o sabão, o sabonete
apron-o avental
newspaper-o jornal
coat rack-a percha
hat rack-a chapeleira
barber's pole-o poste, o polo do barbeiro
left-handed-canhoto
while-enquanto
red-vermelho
white-branco

66

A BARBEARIA

Análise do Desenho

1. O que é que o barbeiro faz neste desenho?
2. Porque é que o cliente usa um avental?
3. Para quem estão limpando os sapatos?
4. Como é que sabemos que o barbeiro é canhoto?
5. Onde é que você vê um chapéu?
6. O que há debaixo da chapeleira?
7. O que é que se vê ao fundo do desenho?

Perguntas

8. De que côr é o polo do barbeiro?
9. Com que prefere fazer a barba: com uma navalha ou uma máquina? Porquê?
10. Porque é que o barbeiro tem de estar de pé a maior parte do dia?
11. Com que frequência é que vai cortar-se o cabelo?
12. Quanto é que você paga por um corte de cabelo?
13. Quanto custa limpar os sapatos?
14. O que se pode fazer enquanto espera a vez na barbearia?
15. O que são costeletas?
16. O que é uma barba? O que é um bigode?
17. O que é a sua opinião sobre os bigodes e as barbas?
18. Quando é que o barbeiro usa o aparelho de barbear?
19. Quanto tempo é que você passa na barbearia numa visita típica?
20. Como se faz a barba sem creme de ~~enfeitar~~ barbear?

Temas

1. Como barbear-se (~~enfeitar-se~~).
2. Como cortar o cabelo.
3. A descrição duma barbearia.

to cut-cortar
to wash-lavar
to rinse-enxaguar
to set-fazer mise, pôr rolos no cabelo, enrolar o cabelo
to dry-secar
to comb-pentear
to put on rollers-pôr os rolos
to take off rollers-tirar os rolos, remover os rolos
to bleach-oxigenar, branquear
to tease-cardar, ripar o cabelo
to manicure-fazer a manicura, manicurar, arranjar as unhas
to have on-usar, vestir, levar
to happen-suceder, ocorrer, passar-se

beauty parlor-o salão de beleza
beautician-o cabeleireiro, a cabeleireira
head-a cabeça
hair-o cabelo
hair style-o penteado
set-uma mise
shampoo- xampú, a lavagem do cabelo, a loção *champô*
nail file-a lima de unhas
hair spray-a laca de cabelo, o "spray"
braid-a trança

wig-a peruca, a cabeleira
straight hair-o cabelo liso
curly hair-o cabelo crespo, encaraculado
wavy hair-o cabelo ondulado
dryer-o secador
comb-o pente
curler-o rolo de cabelo
hairpin-o grampo de cabelo
bobby pin-o alfinete, o gancho
manicure, manicurist-a manicura
fingernail-a unha
nail polish-o verniz das unhas
gown, smock-a bata
earring-o brinco
tray-a bandeja
bottle-a garrafa
customer-o cliente, o freguês(a)
blond-loiro, louro
brunette-cabelos castanhos
redhead-ruivo
to be sure, certain-ter certeza
sure, certain-certo
what do you think of-que acha de, que pensa de, que lhe parece
how long does it take to-quanto tempo demora, tarda em, leva
nowadays-hoje em dia

O SALÃO DE BELEZA

Análise do Desenho

1. O que é que o cabeleireiro está fazendo à senhora?
2. Descreva o que está passando ao fundo à esquerda.
3. Quais são as clientes que já têm a cabeça lavada?
4. O que há na garrafa que está na bandeja?
5. Porque é que a manicura não necessita um pente na sua bandeja?
6. Quem é que não tem uma bata?
7. Qual das clientes tem estado mais tempo no salão de beleza? Porquê?
8. Diga quem no desenho provavelmente não usam brincos?
9. Diga a sua opinião do penteado das senhoras no primeiro plano.

Perguntas

10. Porque é que as mulheres vão ao salão de beleza?
11. O que ocorre depois de ter os rolos postos?
12. Quando se tiram os rolos?
13. De que gosta menos: marcar-se, lavar-se, ou secar-se o cabelo? Porquê?
14. Você prefere um cabeleireiro ou uma cabeleireira? Porquê?
15. Em que pensa quando tem a cabeça debaixo do secador?
16. O que é uma manicura?
17. O que pode fazer uma senhora de cabelo castanho que quer ter cabelo loiro?
18. O que faz o cabeleireiro antes de enrolar o cabelo?
19. Quanto tempo necessita para secar o cabelo?
20. Quando se usam grampos de cabelo e quando se usam ganchos?

Temas

1. A descrição dum salão de beleza.
2. Os penteados de agora (hoje em dia).
3. O maior problema das mulheres — o penteado.

to examine-examinar
to get sick-adoecer, enfermar
to treat-tratar, curar
to take one's pulse-tomar o pulso
to take one's temperature-tirar a temperatura
to bandage-vendar, atar, enfaixar, ligar
to suffer-sofrer, padecer
to live-viver
to die-morrer
to wear-vestir, levar, usar
to listen to-escutar

hospital-o hospital
infirmary-a enfermaria
doctor-o doutor, o médico
nurse-a enfermeira
patient-o paciente, o sofredor, o doente
private room-o quarto privado, particular
semi-private room-o quarto semi-privado
operating room-a sala de operações
emergency room-a sala de emergências
ward-a ala, a enfermaria
medicine-a medicina
sickness, disease-a doença
injury--a ferida, a injúria, o golpe

bandage-a venda, a ligadura
medical insurance-o seguro médico
inoculation-a inoculação
visiting hours-as horas de visita
visitor-o visitante, visita
small pox-a varíola
heart attack-o ataque cardíaco
heartbeat-a pulsação
blood pressure-a pressão arterial
pill-a pílula, o comprimido
x-ray-a radiografia, o raio-x
stethoscope-o estetoscópio
thermometer-o termómetro
chart-o diagrama
wristwatch-o relógio
sheet-o lençol
bed-a cama
night table-a mesinha da cabeceira
tray-a bandeja, o tabuleiro
flower-a flor
arm-o braço
wrist-o pulso
smock-a bata
sick-doente
healthy-saudável, são, sã
grave, serious-grave
everybody-todo o mundo
nowadays-hoje em dia, a(c)tualmente
everyday-todos os dias

O HOSPITAL

Análise do Desenho

1. O que é que a enfermeira está fazendo?
2. O que é que o médico está fazendo?
3. Porque é que você crê que este paciente sufra duma ferida e não duma doença?
4. Onde é que há flores e uma bandeja?
5. Além de ver as horas, para que usa a enfermeira o seu relógio?
6. Descreva o médico.
7. Como sabe você que o paciente neste desenho não está morto?
8. Porque é que não se pode ver o braço direito do paciente?

Perguntas

9. Porque é que pouca gente se adoece da varíola nos Estados Unidos?
10. Qual é a diferença principal entre um hospital e uma enfermaria?
11. Para que se usa um estetoscópio?
12. O que é uma ala? Um quarto privado?
13. Quem são as pessoas sãs que se vêem num hospital?
14. Explique o que é seguro médico.
15. Que significa horas de visita?
16. Se você tivesse uma doença grave, porque seria melhor ir ao hospital do que tratar-se em casa?
17. Como se toma o pulso?
18. Quantos anos pode viver uma pessoa hoje em dia?
19. Porque é que todo o mundo prefere ser visitante e não paciente?
20. Porque é que um ataque cardíaco é grave?

Temas

1. O meu acidente.
2. Como tomar a temperatura e como interpretá-la.
3. A enfermaria da nossa universidade.

to persuade-convencer, persuadir
to sway-influenciar, comover
to speak-falar, dirigir-se a
to give a speech-dar um discurso ou conferência, proferir
to debate-debater, disputar
to preach-pregar, predicar, preconizar
to vote-votar
to agree-estar de acordo, concordar
to disagree-não estar de acordo, discordar
to go on strike-declarar greve, entrar em greve, fazer greve
to assure-assegurar
to listen to-escutar
to try-tratar de, tentar de, experimentar
to feel, sense-sentir
to work-trabalhar
to carry-levar
to write-escrever

persuasion-a persuasão
vote-o voto, o sufrágio
voter-o votante
voting booth-a cabine para votar
voting machine-a máquina eleitoral, a máquina de votar
ballot-a chapa eleitoral, o voto escrito, o boletim de voto
candidate-o candidato
election-a eleição
curtain-a cortina
privacy-o isolamento
policeman-o polícia (police force-a polícia)
factory-a fábrica
worker-o trabalhador, o operário
union-o sindicato
sign-o letreiro, o cartaz
fence-a cerca
side-o lado

student-o aluno
student leader-o líder estudantil
speech-a conferência, o discurso
debate-o debate, a discussão
speaker-o conferencista, o orador, o pregador (rel.)
microphone-o microfone
campus-a cidade universitária, o campo da universidade o campus (B)
building-o prédio, o edifício
meeting-a reunião
convention-o congresso, a assembléia
congregation-a congregação
politician-o político
judge-o juiz
lawyer-o advogado
courtroom-a sala do tribunal, "a corte", tribunal
robe-a toga
party(political)-o partido
right(privilege)-o direito, o privilégio
rightness-a direitura justiça
ecclesiastic-eclesiástico
pulpit-o púlpito
sermon-o sermão
democratic-democrático
republican-republicano
extemporaneous-improvisado, extemporâneo
above-acima
both-os dois

72

A PERSUASÃO

Análise do Desenho

1. Porque é que a cabine para votar tem uma cortina?
2. Porque é que há um polícia ao lado da cabine?
3. O que há ao outro lado da cerca?
4. Porque é que o trabalhador tem um letreiro?
5. O que nos faz pensar que o desenho de cima à direita representa uma reunião numa cidade universitária?
6. O que faz o líder estudantil? Todos os outros estudantes concordam com ele?
7. Que edifícios podemos ver nos seis desenhos?
8. Qual será a diferença entre os discursos do líder estudantil e da política?
9. Onde é que o advogado está e com quem está deliberando?
10. Quem usa togas nos desenhos?
11. De onde fala o eclesiástico e a quem fala?
12. A senhora que emerge da cabine e o homem que tem um letreiro já votaram. Para que é que cada um votou?
13. Cada um dos oradores quer convencer o público. Descreva o tema de cada um.

Perguntas

14. Entre que dois partidos muito grandes pode escolher(eleger) o votante norteamericano?
15. O que é um sindicato?
16. O que quer dizer fazer greve?
17. Que diferença há entre uma reunião, um congresso, e uma congregação?
18. Qual é a diferença entre predicar e debater, um sermão e um debate?
19. Qual é a diferença entre um eclesiástico, um político, e um advogado? Quais são as semelhanças entre eles?
20. Qual é uma vantagem e uma desvantagem, comparando o boletim de voto escrito e á máquina eleitoral.

Temas

1. O direito da persuasão.
2. Se puderes convencer-te, poderás convencer os outros.
3. Os estudantes têm(não têm) o direito de fazer greve.

- to advertise-anunciar, informar, notificar
- to spend-gastar(dinheiro)
- to spend(time)-passar
- to offer-oferecer
- to translate-traduzir
- to qualify-habilitar, tornar capaz para, qualificar
- invent-inventar
- to be worthwhile-valer a pena
- to place-colocar, pôr

- advertising-a publicidade, a propaganda
- propaganda-a propaganda
- advertisement- o aviso, o anúncio, a notificação
- billboard-um painel publicitário
- highway-o auto-estrada, a estrada
- hotel-o hotel
- newspaper-o jornal
- want ad-o anúncio classificado
- job-o emprego, a tarefa, o trabalho
- housemaid-a criada encarregada de limpeza
- cook-o cozinheiro, a cozinheira
- married couple-o casal
- butler-o mordomo, o criado

- outing, free time-o passeio
- salary-o salário, o ordenado
- vacation-as férias
- holiday-o dia feriado, o dia do santo(holy day)
- radio announcer-o locutor,(locutora) anunciador do rádio
- script-a escrita   o texto
- magazine-a revista
- television announcer-o anunciador da televisão
- television set-o televisor
- commercial-o anúncio, o comercial
- bus-o autocarro, o ônibus
- rest(remainder)-o resto
- slogan-o lema, o "slogan"
- place-o sítio, o lugar
- effective-eficaz
- appropriate-adequado, apropriado
- current(well-known)-corrente, bem conhecido
- full page-a página inteira, completa
- by means of-mediante
- simple-simples
- according to-segundo
- self-mesmo, próprio

A PUBLICIDADE

Análise do Desenho

1. Porque é (ou não é) uma estrada um lugar apropriado para colocar um painel publicitário como o do desenho?
2. Invente uma descrição para o anúncio dum painel publicitário.
3. Porque é que o **painel** perto da estrada é bem ou mal colocado?
4. Traduza o anúncio classificado ao inglês.
5. Para qual das posições do anúncio classificado é que você estaria (ou não estaria) qualificado?
6. O que é que a locutora de rádio estará lendo na escrita?
7. Descreva o anúncio da revista.
8. De acordo com o que vê no televisor, invente um anúncio comercial.
9. Complete o resto do anúncio do ônibus.

Perguntas

10. O que é um anúncio classificado?
11. Invente um anúncio classificado para o qual você mesmo estaria qualificado.
12. O que é uma escrita?
13. O que é um anúncio comercial.
14. Nomeie várias formas de anunciar um produto.
15. Porque parece ser mais difícil ser locutor de televisão do que de rádio?
16. "Vale a pena fazer publicidade." Explique.
17. Porque é que o autocarro é um bom lugar para pôr um anúncio?
18. Como se sabe se o anúncio tem sido ou não eficaz?
19. Expresse alguns lemas comerciais correntes nos Estados Unidos.
20. Quais são os produtos que se anunciam com mais frequência na televisão?

Temas

1. A importância da publicidade.
2. Porque "propaganda" é uma palavra difícil de traduzir do português ao inglês e visa-versa.
3. Inventar um anúncio duma página inteira dum produto para uma revista.

to publish-publicar
to edit-editar *prepara para publicação*
to compose-compôr
to correct-corrigir, emendar
to type-dactilografar, escrever à máquina
to telephone-telefonar
to find-achar, encontrar
to think of-pensar de

editor-o editor, redator
newspaper-o jornal
journalist-o jornalista
journalism- o jornalismo
editor-in-chief-o chefe de redação, o dire(c)tor do jornal
city editor-o editor de notícias
reporter-o repórter
sports-os desportos, os esportes
sports writer-o cronista desportivo
correspondent-o correspondente
publishing house-a casa editora
editorial-o editorial
story-a narração, a história
news-a notícia, a novidade
editing room-a sala de redação

advertising-a publicidade
criticism-a crítica
headline-os cabeçalhos, os títulos, *manchete (b)*
press-a imprensa
front page-a primeira página
proofreader-o revisor
printer's error-um erro tipográfico
dispatch-o despacho
society page-a sociedade
comics-a história em quadrinhos, *a banda desenhada*
magazine-a revista
copy boy-o mensageiro
telephone-o telefone
teletype-o teletipo
typewriter-a máquina de escrever
photograph-a fotografia
boss-o chefe, o patrão
eyeshade-a pala, a viseira
desk-a secretária, a mesa, a escrevaninha
work-o trabalho
present day-a(c)tual
never-nunca
worldwide-mundial
only-único

O JORNAL

Análise do Desenho

1. O que é que a mulher está fazendo?
2. O que é que o homem da viseira está fazendo?
3. Quem é que está a falar ao telefone?
4. O que é que fazem os jornalistas ao fundo à esquerda?
5. Onde é que há fotografias?
6. Onde está e o que está fazendo o mensageiro?
7. Como é que você sabe que isto é uma sala de redação?
8. Descreva o desenho.

Perguntas

9. Quem é chefe dos jornalistas?
10. O que faz a pessoa que corrige as provas?
11. Em que página dum jornal se encontram os títulos?
12. Quem escreve as notícias locais?
13. Quais são algumas das diferenças entre um jornal e uma revista?
14. Qual é a diferença entre um repórter e um correspondente?
15. O que é um editorial? E uma editora?
16. Porque são indispensáveis para um jornalista uma máquina de escrever e um telefone?
17. De que secções se compõe um jornal norteamericano?
18. Diga as secções que você prefere. Porquê?
19. Lê o jornal todos os dias? Porquê?
20. Para que serve um jornal?

Temas

1. O jornalismo actual nos Estados Unidos.
2. A descrição duma notícia na imprensa portuguesa ou norteamericana.
3. Porque leio o jornal.

to perform-representar
to play a role-desempenhar um papel
to applaude-aplaudir
to go up-subir
to come down-baixar
to leave-partir, ir-se embora, sair
to take place-efectuar, ter lugar
to find out about-ser informado
to tip-dar uma gorjeta, uma gratificação
to stand-estar de pé
to marry-casar
to forget-esquecer

theatre-o teatro
play-a obra, a peça
playwright-o dramaturgo
actor-o actor
actress-a actriz
audience-a audiência, o auditório, os ouvintes, a assistência
seat-o assento, o lugar
location-a situação, a posição, o lugar
box seat-o camarote
orchestra seat-a poltrona da plateia
balcony seat-o assento no balcão, galeria
usher-o arrumador
ticket-o bilhete
box office-a bilheteira
lobby-o vestíbulo
aisle- a passagem a coxia

intermission-o intervalo
opening night-a estreia
stage-o cenário, o palco
curtain-o pano
act-o acto
scene-a cena
emergency exit-a saída de emergência
success-o êxito
failure-o fracasso, o malôgro
gentleman-o cavalheiro, o senhor
beard-a barba
glasses-os óculos
wedding-o casamento, a boda
bride-a noiva
groom-o noivo
guest-o convidado, o hóspede
married couple-o casal, o matrimónio
newly wed-recém casado
wedding ring-a aliança
ring finger-o dedo anular
honeymoon-a lua de mel
altar-o altar
pew- a ala, o banco
church-a igreja
temple-o templo
priest-o sacerdote, o padre
minister-o ministro
rabbi-o rabino, o rabí
Catholic- católico
Jew- judeu
Protestant- protestante

O TEATRO

Análise do Desenho

1. Quem é que não pode ver bem o cenário?
2. Onde está o cenário no desenho?
3. Descreva o senhor que se vai embora.
4. Descreva a cena que estão representando na peça.
5. Qual é o papel que cada um dos actores no palco está desempenhando?
6. Você crê que o casamento tem lugar numa igreja católica ou protestante, ou numa sinagoga? Porquê?
7. Onde é a saída de emergência deste teatro?

Perguntas

8. Onde se compram os bilhetes para o teatro?
9. Quantos tipos de entradas se podem comprar para o teatro?
10. Qual é a situação de cada uma delas?
11. O que deve fazer o arrumador?
12. É necessário dar uma gorjeta ao arrumador?
13. Quando sobe e quando baixa o pano?
14. A onde se vai durante o intervalo?
15. Como sabe um actor se a representação foi um êxito ou um fracasso?
16. O que é uma lua de mel?
17. O que se passaria se no dia do casamento o noivo se esquecesse da aliança?
18. Quais são alguns problemas típicos dos recém-casados?
19. Em que mão é que a noiva põe a aliança?
20. Se você é casado, descreva a boda. Se não é, porquê?

Temas

1. Porque se vai embora do teatro o homem que está de pé na passagem.
2. O descrição duma peça que vi recentemente.
3. O meu casamento.

to work-trabalhar
to be self-employed-trabalhar para si mesmo
to earn-ganhar
to employ-empregar
to repair-restaurar, reparar, arranjar,
to saw-serrar
to build-construir
to deliver-distribuir, entregar
to sew-coser
to paint-pintar
to cut-cortar
to carve-trinchar
to cook-cozinhar
to stir-mexer, mover
to wear-vestir, usar, levar
to deduct-deduzir
to be similar-parecer-se

job-o trabalho, o emprego
worker-(m,f)-o empregado, o trabalhador, o operário
trade-o ofício
profession-a profissão
working class-o proletariado
employer-o empregador, o patrão
employee-o empregado, a empregada
wages-o salário, o ordenado
stipend-o ordenado, o estipéndio
overtime-as horas extras, fora do tempo marcado, "overtime"
social security-a providência social segurança social
withholding tax-o imposto profissional
shoe-o sapato
shoemaker-o sapateiro
carpenter-o carpinteiro

paint-a tinta, a pintura
painter-o pintor, a pintora
paint brush-a broxa, o pincel
ladder-o escadote, a escada de mão
tool-a ferramenta
saw-a serra
board-a tábua, a madeira(wood)
milk-o leite
milkman-o leiteiro
tailor-o alfaiate
seamstress-a costureira
sewing machine-a máquina de costura
cloth-o pano, a tela
needle-a agulha
thread-a linha, o fio
button-o botão
meat-a carne
butcher-o carniceiro, o açougueiro
knife-a faca, a navalha
cook-o cozinheiro
food-a comida, o alimento
ladle-a concha
dipper-o caço
pot-a panela
apron-o avental
uniform-o uniforme, a farda
tie-a gravata
jacket-a jaqueta
mailman-o carteiro
explanation-a explicação
instrument-o instrumento
bald-calvo, careca
seldom-raro, raras vezes
as well as- tão bem como, tal como
left-handed-canhoto
besides-além de

OS OFÍCIOS

Análise do Desenho

1. Quem são os carecas e quem não os são?
2. Com que ferramenta está trabalhando o carpinteiro? O que está fazendo(a fazer) ?
3. O que é que a pintora leva na mão e o que é que está fazendo?
4. O que é que a costureira está cosendo? Quais são os instrumentos do ofício dela que se vêem?
5. O que é que o carniceiro tem na mão e o que é que está fazendo?
6. Descreva o cozinheiro e o que ele está fazendo.
7. Quais dos homens usam aventais? Qual tem uniforme? Qual tem gravata?
8. Como sabemos que o carpinteiro, o carniceiro e a pintora não são canhotos?
9. Quais das pessoas trabalharão para si mesmas?
10. Quais das pessoas serão empregadas?
11. Qual dos ofícios é que você prefere? Porquê?

Temas

12. Em que se parece um leiteiro com um carteiro?
13. Quais são as semelhanças e as diferenças entre um cozinheiro e um carniceiro?
14. O sapateiro dos Estados Unidos raras vezes faz sapatos. Explique.
15. O que quer dizer proletariado?
16. Como se chama ao desconto feito ao salário dum empregado?
17. O que são horas extras?
18. Descreva a diferença entre um ofício e uma profissão.
19. Se puder escolher uma profissão diferente, o que escolheria? Porquê?
20. Descreva o trabalho dum professor.

Temas

1. Uma explicação da providência social.
2. A vida do carteiro (ou outro).
3. Como cozinhar...

to build-construir
to assemble-reunir, montar
to repair-reparar, restaurar
to hammer-martelar
to saw-serrar
to screw-papafusar, a parafuzar
to chop-rachar
to hold, fasten-segurar, prender
to hang-pendurar
to drill-furar
to cut-cortar
to contain- conter
to appear-aparecer
to be of no value-não servir(para)

handyman-o faz-tudo
hobby-o passatempo
workbench-o banco
structure, frame-a estru(c)tura, a construção, o edifício, o prédio
tool-a ferramenta, o utensílio
miter box-uma caixa de serrar em meia esquadria
vise-o torno mecânico
screw-o parafuso
hammer-o martelo
saw-a serra
hacksaw-a serra de cortar metais
screwdriver-a chave de parafusos
nail-o prego
plane-a plaina
monkey wrench-a chave inglesa

pliers-o alicate
hatchet-a machadinha
drill-a sonda, a perfuradora, a broca
shears-as tesouras de tosquiar
wire-o arame
chisel-o cinzel
level-o nível
brace-a braçadeira
bit-a broca
crowbar-a avalanca
sandpaper-a lixa
T square-a régua T
jar- o jarro (pequeno-frasco)
wood-a madeira
hardwood-a madeira rija
softwood-a madeira mole ou macia
oak-o carvalho, o roble
pine-o pinheiro
shaving(wood)-a raspa, a apara
cabinet-o armário
glue-a cola
size-o tamanho
piece-o pedaço, o bocado
hole-o buraco, o furo
use-o uso
useful-útil
finally, as the last step- em último têrmo, em última análise
different-diferente, distinto
similar-semelhante, similar
easy-fácil
also-também

O FAZ-TUDO

        Análise do Desenho

1. O que é que o faz-tudo está construindo?

2. Diga o que os jarros contêm.

3. Nomeie os objectos que estão sobre o banco.

4. Que ferramentas estão penduradas no armário?

5. Qual das duas serras se usa para cortar arame? Que outra ferramenta também corta arame?

6. Existe uma ferramenta muito útil para construir o modelo, que não está no desenho? Qual é?

7. Qual destas coisas você crê que se usaria primeiro, e qual em último termo, ao construir o modelo que está sobre o banco: a plaina, a serra, o papel de lixa?

8. Que ferramentas você crê que não serviriam para montar o modelo que o faz-tudo está construindo?

9. Como sabemos que o faz-tudo já usou ou o cinzel ou a plaina?

        Perguntas

10. Que tipo de madeira é mais fácil de serrar?

11. Para que se usa uma machada?

12. O que é uma raspa? Que ferramentas produzem raspas?

13. O que é um faz-tudo?

14. Para que se usa um torno mecânico?

15. Porque há diferentes tamanhos de brocas, o para que se usam elas?

16. Diga os nomes dalgumas madeiras.

17. Que ferramentas requerem o uso de duas mãos?

18. Que semelhanças há entre a chave inglesa, o alicate e o torno mecânico? O cinzel e a plaina? O martelo e a machadinha?

19. Que ferramenta se usa para martelar?

20. Para que se usa um parafuso? E uma braçadeira?

        Temas

1. Como construir uma...

2. Diferentes tipos de ferramentas e os seus usos.

3. Um passatempo favorito.

to drive-conduzir, guiar, dirigir
to stop-parar, deter-se
to push-empurrar
to pull-puxar
to obey-obedecer
to indicate-indicar
to wear-levar, vestir, usar
to live-morar, viver
to read-ler
to injure-ferir, magoar, injuriar
to tell-contar, dizer
to sit down-sentar-se
to show-demostrar, ensinar
to feed-alimentar, dar comida a
to try-experimentar, tentar de, tratar de

main square-a praça principal
park-o parque
city-a cidade
town-a vila, o município
street-a rua
block-o quarteirão, o bloque, o bloco *(a cuadra (D))*
downtown-o centro, a "baixa"
traffic light-a luz de tráfego, o sinal luminoso
vehicle-o veículo
automobile-o carro, o automóvel

bicycle-a bicicleta
motorcycle-a motocicleta
baby carriage-o carrinho do bebé, da criança
motor-o motor
police-a polícia
policeman-o polícia, o guarda
traffic accident-o acidente de trânsito, de tráfego
helmet-o capacete
store-a loja, o estabelecimento
theatre-o teatro
church- a igreja
awning-o toldo
bench-o banco
fountain-a fonte
sidewalk-o passeio
tree-a árvore
flower-a flor
leaf-a folha
gutter-a calha, a goteira
pigeon-o pombo
England-a Inglaterra
red-vermelho
white-branco
yellow-amarelo
green-verde
black-preto, negro
every, each-cada

A PRAÇA PRINCIPAL

Análise do Desenho

1. O que é que o polícia está fazendo?
2. Quem usa um sobretudo? Porquê?
3. Descreva o que vê no bloco atrás da praça.
4. Como é que você sabe que este desenho não representa uma cena na Inglaterra?
5. Explique porque é que esta cena pode ser (1) europeia, (2) norteamericana ou (3) as duas.
6. Onde está o carrinho do bebê e quem o empurra?
7. Quem é que vai dar comida ao pombo?
8. Descreva a praça.
9. Como é que você sabe que é de dia e não de noite?
10. Quem está lendo e onde?
11. Porque é que o homem que está sentado no banco veio ao centro?
12. Quais seriam as cores dalgumas coisas que se vêem neste desenho se o desenho estivesse a cores?
13. Quantos tipos de veículos vemos no desenho?
14. Como é possível que haja (ou não haja) folhas dentro da fonte?

Perguntas

15. Quais são as cores dum sinal de trânsito?
16. Quais são as diferenças entre uma bicicleta e uma motorcicleta?
17. O que é a calha? Onde é?
18. Porque é que uma pessoa deve obedecer os sinais de trânsito?
19. Você prefere morar na cidade ou na aldeia? Porquê?
20. Descreva o centro da cidade onde você mora agora.

Temas

1. O que me contou o homem que está sentado no banco.
2. A minha praça principal favorita.
3. A Rua Principal, Estados Unidos.

to take a picture-fotografar
to climb-trepar
to raise-levantar
to feed-dar de comer a
to protect-proteger
to escape-escapar(-se)
to eat-comer
to drink-beber, tomar
to visit-visitar
to sit-sentar

zoo-o (jardim) zoológico
cage-a jaula
animal-o animal
beast-a besta, a fera, o animal
king-o rei
monkey-o macaco
custom-o costume
around-ao redor de
bear-o urso
lion-o leão, a leoa
tiger-o tigre
elephant-o elefante
gorilla-o gorila
giraffe-a girafa
wolf-o lobo

deer-o cervo, veado
fox-a raposa
camel-o camelo
leopard-o leopardo
panther-a puma, a pantera
zebra-a zebra
hippopotamus-o hipopótamo
rhinoceros-o rinoceronte
alligator-o jacaré
snake-a cobra
reptile-o réptil
human being-o ser humano
balloon-o balão
camera-a máquina (fotográfica)
railing-a grade
fountain-a fonte
bench-o banco
sign-o letreiro
ditch-o fosso, a vala
hill-a colina
banana-a banana
banana peel-a casca da banana
meat-a carne
peanut-o amendoim
only-único

O JARDIM ZOOLÓGICO

Análise do Desenho

1. Onde está o macaco e o que está fazendo?
2. O que é que os macacos comem?
3. Quem tem uma máquina fotográfica e o que está fazendo?
4. Quem tem um balão e onde está?
5. Porque é que o pai levanta o filho?
6. Onde está a pessoa sentada?
7. Que animais não estão em jaulas?
8. Nomeie alguns animais que não estão neste desenho.
9. Onde crê que há um fosso?
10. Que animal mora na colina?
11. Com que é que o menino no primeiro plano está falando? O que estará dizendo?

Perguntas

12. Quem é o rei dos animais?
13. Que animais comem carne? O que comem os outros?
14. Que letreiro se vê geralmente no jardim zoológico?
15. O que é uma jaula?
16. Porque há uma grade ao redor das jaulas?
17. O que faria você se um animal escapasse perto de você?
18. O que disse a girafa ao gorila? O elefante ao macaco?
19. Quais são algumas diferenças entre um urso e um elefante?
20. Nomeie alguns animais que se podem ver, sem ir ao jardim zoológico.

Temas

1. Nem todos os macacos estão no zoológico.
2. O interessante das girafas.
3. Um dia no zoológico.

to be (weather)-fazer, estar (frio,etc.)
to forecast-predizer, prever
to rain-chover
to snow-nevar
to melt-derreter-se
to freeze-gelar, congelar
to plant-plantar
to dig-cavar
to bloom-florescer
to sing-cantar
to dry (off)-secar (also to wipe off)
to rake-raspar
to throw-atirar, lançar
to rise-ascender, subir
to indicate-indicar
to have just-acabar de
to fall down-cair

weather-o tempo
climate-o clima
season-a estação
spring-a primavera
summer-o verão
fall-o outono
winter-o inverno
freezing point-o ponto de congelação

ice cream-o sorvete, o gelado
rain-a chuva
raindrop-a pinga de chuva, a gota
snow-a neve
snowball-a bola de neve
ice-o gelo
sun-o sol
cloud-a nuvem
wind-o vento
hail-o granizo
storm-a tempestade
thunder-o trovão
lightning-o relâmpago
tornado-o tornado, o tufão
hurricane-o furacão
degree-o grau
seed-a semente
leaf-a folha
tulip-a tulipa
bird-o pássaro, a ave
rake-o ancinho
hoe-a enxada
trench-a vala
cloudy-nublado
dry-seco
damp-húmido
besides-além de

O TEMPO

Análise do Desenho

1. Além do pássaro que canta (no primeiro desenho à esquerda), que outras coisas indicam que é primavera?
2. O que é que o homem com a enxada faz?
3. O que é que a senhora do mesmo desenho faz?
4. Quem é que comprou um sorvete?
5. Porque é que o homem seca o rosto?
6. Qual dos desenhos indica que é outono? Porquê?
7. O que é que os meninos estão fazendo na neve?

Perguntas

8. O que é a neve? O gelo?
9. Em que estação do ano florescem as tulipas?
10. O que é o ponto de congelação de água?
11. Descreva o clima da região onde você mora agora.
12. Porque não pode chover quando há sol?
13. Quando se derrete a neve?
14. Qual seria o equivalente em centígrados duma temperatura de 95° fahrenheit?
15. Quando ascende a 25° centígrados, a quanto equivale em fahrenheit?
16. Indique a temperatura da região em que você está agora? (Em centígrados e fahrenheit)
17. Descreva o tempo que faz hoje.
18. Preveja o tempo de amanhã.
19. Quais são as diferenças entre o verão e o inverno?
20. Como sabe quando se pode plantar sementes?

Temas

1. A estação do ano de que mais gosto.
2. Os tipos de tempestades.
3. Os vários climas dos Estados Unidos.

to irrigate-irrigar
to flow-fluir
to control-controlar, governar, restringir
to row-remar
to steer-guiar, conduzir
to float-flutuar, boiar
to drink-beber, tomar
to swim-nadar
to resemble-parecer-se com (a)
to bottle-engarrafar

water-a água
sea-o mar
ocean-o oceano
tide-a maré
seasickness-o enjôo
high tide-a maré enchente, alta
low tide-a maré vazante baixa
current, flow-a corrente
wave-a onda
shore-a costa
salt-o sal
salt water-a água salgada
fresh water-a água doce
river-o rio
bay-a baía
inlet-a enseada
lake-o lago
stream, brook-o riacho, a ria, a corrente
waterfall-a queda de água, a catarata

canal-o canal
irrigation-a irrigação
ditch-o fosso
spring, fountain-a fonte
swamp-o pântano
well-o poço
dam-a represa
rain-a chuva
fisherman-o pescador
ship-o barco, o navio, a nau
sailboat-o barco à vela, o veleiro
barge-a barca
row boat-o bote de remos
oar-o remo
rudder-o timão
land-a terra
mountain-a montanha
tree-a árvore
rock-a rocha, a pedra
desert-o deserto
oasis-o oásis
origin-a origem
usefullness-a utilidade
deep-profundo
shallow-pouco profundo
rough-áspero
calm-calma, tranqüilo, quieto
salty-salgado
clean-limpo
dirty-sujo

AS ÁGUAS

Análise do Desenho

1. Em qual dos seis desenhos as águas têm marés?
2. Nomeie uma ou duas diferenças entre o aspecto e a composição da água do mar e da água da catarata.
3. Onde é que se vê um barco à vela e porque não pode estar em nenhum dos outros desenhos?
4. De que origem crê que é a água do lago?
5. Como se guia a barca?
6. Descreva a cena do rio.
7. Em qual dos desenhos crê você que a água é mais profunda? E menos profunda?
8. O que é que cada uma das pessoas visíveis está fazendo?

Perguntas

9. Que condições podem produzir o enjôo?
10. O que é um deserto?
11. O que é um oásis?
12. Explique a diferença entre um lago e um rio. Um riacho e um rio.
13. Em que lago do estado de Utah se pode flutuar?
14. O que há em Niágara que a faz famosa?
15. O que é uma baía?
16. O que é a costa?
17. Descreva a água dum pântano.
18. Que maré preferem os pescadores de água salgada?
19. Para que serve um canal de irrigação?
20. O que é uma fonte natural?

Temas

1. Os rios navegáveis de Portugal e do Brasil.
2. A utilidade das represas.
3. A conservação da água.

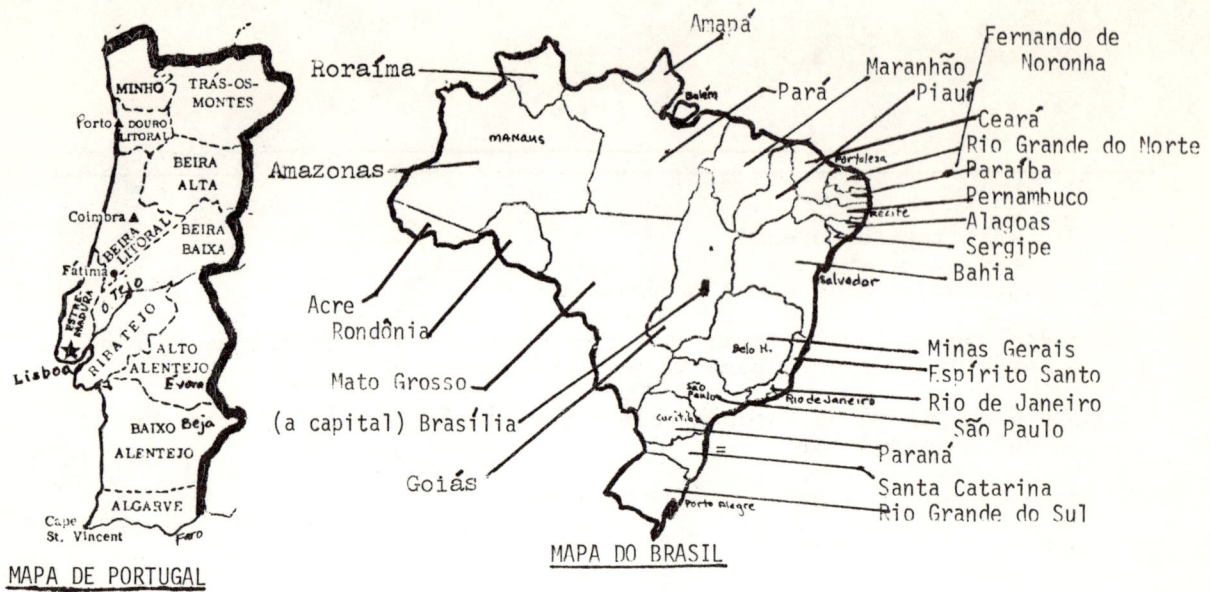

MAPA DE PORTUGAL   MAPA DO BRASIL

    to border on-limitar com, formar
        fronteira com, atingir o limite
    to cross, go through-atravessar, passar por
    to constitute-constituir

map-o mapa
topographical map-o mapa físico,
    topográfico
political map-o mapa político
border-o limite, a fronteira
location-a posição, a situação, o lugar
Brazil-o Brasil
Portugal-Portugal
Europe-a Europa
South America-a América do Sul
south-o sul
north-o norte
east-o este, o leste
west-o oeste
southwest-o sudoeste
southeast-o sudeste
northwest-o noroeste
northeast-o nordeste
Spain-Espanha
peninsula-a península
island-a ilha
mountain-a montanha
sea-o mar
Atlantic Ocean-o oceano Atlântico (P) cap
Pacific Ocean-o oceano Pacífico (P) cap

coast-a costa
river-o rio
source(of a river)-a nascente
capital-a capital
city-a cidade
state-o estado
territory-o território
region-a região
country-o país, a nação
republic-a república
monarchy-a monarquia
empire-o império
democracy-a democracia
democratic-democrático
socialist-socialista
communist-comunista
dictatorship-a ditadura
civilian-civil, civilista; cidadão
military-militar
party-o partido
government-o governo
senate-o senado
colony-a colónia
right-o direito
left-a esquerda
Amazon-o Amazonas
period-a época, o período
discoveries-os descobrimentos

O MAPA

Perguntas

1. No mapa da Europa, onde se encontra Portugal?
2. No mapa da América do Sul, onde se encontra o Brasil?
3. Quais são os limites do Brasil?
4. Quais são os limites de Portugal?
5. Descreva a posição geográfica do estado do Amazonas. São Paulo. Ceará.
6. Descreva a posição geográfica da cidade de Lisboa. Coimbra. Faro.
7. Quais são os únicos dois países da América do Sul que não formam fronteira com o Brasil?
8. O que é que Portugal e Espanha formam?
9. Diga os nomes das capitais de Portugal e do Brasil.
10. Diga o nome do maior rio do mundo e onde se encontra.
11. Quantos estados formam o Brasil? Como se chamam as regiões de Portugal?
12. Diga os nomes de três rios que atravessam Portugal.
13. Como se chamam os estados do Nordeste do Brasil?
14. Quantas nações formam a América do Sul?
15. Porque é que Ipanema é interessante?
16. Que tipo de governo há no Brasil? Em Portugal?
17. Quais são as cidades mais importantes do Brasil? De Portugal?
18. Sabe o nome dum baile brasileiro? Qual é?
19. Diga algumas coisas que já sabe da cultura portuguesa ou brasileira.
20. O que é uma constituição?

Temas

1. O governo de Portugal ou do Brasil.
2. A descrição geográfica de Portugal ou do Brasil.
3. A época dos descobrimentos portugueses.

to explore-explorar
to travel-viajar
to shine-brilhar
to twinkle-cintilar
to reflect-refle(c)tir
to revolve-revolver, girar
to rotate-rodar
to help-ajudar
to recognize-reconhecer
to comprehend-compreender

firmament-o firmamento
universe-o universo
heaven(s)-os céus
solar system-o sistema solar
outer space-o espaço cósmico
sun-o sol (the Sun-o Sol)
moon-a lua (the Moon-a Lua)
star-a estrela
constellation-a constelação
planet-o planeta
eclipse-o eclipse
nebula-a nébula
galaxy-a galáxia
atmosphere-o ambiente, a atmósfera
Milky Way-a Via Láctea
Big Dipper-Ursa Maior
Mercury-Mercúrio

Venus-Vênus (B) vénus (P)
Earth-a Terra
Mars-Marte
Jupiter-Júpiter
Saturn-Saturno
Uranus-Urano
Neptune-Neptuno
Pluto-Plutão
infinity-a infinidade, o infinito
distance-a distância
light-year-o ano-luz
movement-o movimento
shadow-a sombra
ring-o anel
axis-o eixo
rocket-o foguetão
capsule-a cápsula
guided missile-o proje(c)til guiado
atomic bomb-a bomba atómica
force-a força
group-o grupo
astronaut-o astronauta
order-a ordem
end-o fim
simplified-simplificado
if so-em caso afirmativo
if not-em caso contrário, se não, do contrário
where do we go from here?-a onde vamos parar?

O FIRMAMENTO

Análise do Desenho

1. Que constelação se vê num dos desenhos?
2. No desenho da Terra, que objeto se vê no espaço cósmico?
3. Que planeta se vê num dos desenhos? Como é que o reconhece?
4. O que é que se vê nos outros três desenhos?

Perguntas

5. Em inglês se pode decorar os nomes dos nove planetas e a sua ordem de distância do sol pela primeira letra de cada palavra desta frase: "Mary"s vivacious eyes made John sit up nights pining." Invente uma frase em português com a mesma ideia.
6. O que é uma eclipse da lua?
7. O que é o sistema solar?
8. O que é uma constelação?
9. Crê que Marte será explorado? Porquê (não)?
10. O que é um astronauta?
11. Como viaja um astronauta no espaço cósmico?
12. Explique o movimento da Terra e da Lua no universo.
13. O que é a via láctea?
14. Porque não pode uma pessoa da Terra morar na Lua?
15. Explique o infinito.
16. Qual é a diferença entre a luz dum planeta e uma estrela?
17. Quando não podemos ver o Sol? A Lua?
18. O que é um ano-luz?
19. Qual é o maior planeta? E o mais pequeno?
20. Como é que as forças atómicas nos ajudam a compreender o sol?

Temas

1. Os planetas do nosso sistema solar.
2. Uma descrição simples do universo.
3. A onde vamos parar?

NUMBERS (NÚMEROS)

CARDINAIS

1	um, uma	60	sessenta
2	dois, duas	70	setenta
3	três	80	oitenta
4	quatro	90	noventa
5	cinco	100	cem
6	seis	101	cento e um, uma
7	sete	102	cento e dois, duas, etc.
8	oito	121	cento e vinte e um
9	nove	200	duzentos
10	dez	300	trezentos
11	onze	400	quatrocentos
12	doze	500	quinhentos
13	treze	600	seiscentos
14	catorze, quatorze	700	setecentos
15	quinze	800	oitocentos
16	dezesseis, dezasseis	900	novecentos
17	dezessete, dezassete	1,000	mil
18	dezoito	1978	mil novecentos e setenta e oito
19	dezenove, dezanove	2,000	dois mil, etc.
20	vinte	25,984	vinte e cinco mil, novecentos e oitenta e quatro
21	vinte e um	100,000	cem mil
22	vinte e dois, etc.	1,000,000	um milhão (de)
30	trinta	2,000,000	dois milhões (de)
31	trinta e um, etc.	5,205,731	cinco milhões, duzentos e cinco mil, setecentos e trinta e um
40	quarenta		
50	cinquenta		

ORDINAIS

1st	primeiro,a	6th	sexto,a
2nd	segundo,a	7th	sétimo,a
3rd	terceiro,a	8th	oitavo,a
4th	quarto,a	9th	nono,a
5th	quinto,a	10th	décimo,a

REGULAR VERBS

	I. -ar	II. -er	III. -ir

Impersonal Infinitive

| falar (to speak) | comer (to eat) | partir (to leave) |

Personal Infinitive

falar	comer	partir
falares	comeres	partires
falar	comer	partir
falarmos	comermos	partirmos
falardes	comerdes	partirdes
falarem	comerem	partirem

Gerund (Present Participle)

| falando (speaking) | comendo (eating) | partindo (leaving) |

Past Participle

| falado (spoken) | comido (eaten) | partido (left) |

SIMPLE TENSES

Indicative Mood

Present

| I speak, do speak, am speaking, etc. | I eat, do eat, am eating, etc. | I leave, do leave, am leaving, etc. |

falo	como	parto
falas	comes	partes
fala	come	parte
falamos	comemos	partimos
falais	comeis	partis
falam	comem	partem

Preterit

| I spoke, did speak, have spoken, etc. | I ate, did eat, have eaten, etc. | I left, did leave, have left, etc. |

falei	comi	parti
falaste	comeste	partiste
falou	comeu	partiu
falámos	comemos	partimos
falastes	comestes	partistes
falaram	comeram	partiram

Imperfect

| I was speaking, used to speak, spoke, etc. | I was eating, used to eat, ate, etc. | I was leaving, used to leave, left, etc. |

falava	comia	partia
falavas	comias	partias
falava	comia	partia
falávamos	comíamos	partíamos
faláveis	comíeis	partíeis
falavam	comiam	partiam

Future

I will speak, etc.	I will eat, etc.	I will leave, etc.
falarei	comerei	partirei
falarás	comerás	partirás
falará	comerá	partirá
falaremos	comeremos	partiremos
falareis	comereis	partireis
falarão	comerão	partirão

Conditional

I would speak, etc.	I would eat, etc.	I would leave, etc.
falaria	comeria	partiria
falarias	comerias	partirias
falaria	comeria	partiria
falaríamos	comeríamos	partiríamos
falaríeis	comeríeis	partiríeis
falariam	comeriam	partiriam

Imperative Mood

speak	eat	leave
fala (tu)	come (tu)	parte (tu)
falai (vós)	comei (vós)	parti (vós)

Subjunctive Mood

Present

Translations vary according to context.

fale	coma	parta
fales	comas	partas
fale	coma	parta
falemos	comamos	partamos
faleis	comais	partais
falem	comam	partam

Imperfect

Translations vary according to context.

falasse	comesse	partisse
falasses	comesses	partisses
falasse	comesse	partisse
falássemos	comêssemos	partíssemos
falásseis	comêsseis	partísseis
falassem	comessem	partissem

Future

Translations vary according to context.

falar	comer	partir
falares	comeres	partires
falar	comer	partir
falarmos	comermos	partirmos
falardes	comerdes	partirdes
falarem	comerem	partirem

COMPOUND TENSES

Indicative Mood

Present Perfect

I have spoken, have been speaking, etc.	I have eaten, have been eating, etc.	I have left, have been leaving, etc.
tenho falado	tenho comido	tenho partido
tens falado	tens comido	tens partido
tem falado	tem comido	tem partido
temos falado	temos comido	temos partido
tendes falado	tendes comido	tendes partido
têm falado	têm comido	têm partido

Pluperfect

I had spoken, etc.	I had eaten, etc.	I had left, etc.
tinha falado	tinha comido	tinha partido
tinhas falado	tinhas comido	tinhas partido
tinha falado	tinha comido	tinha partido
tínhamos falado	tínhamos comido	tínhamos partido
tínheis falado	tínheis comido	tínheis partido
tinham falado	tinham comido	tinham partido

There is also a simple form of the above tense.

Simple Pluperfect

I had spoken, etc.	I had eaten, etc.	I had left, etc.
falara	comera	partira
falaras	comeras	partiras
falara	comera	partira
faláramos	comêramos	partíramos
faláreis	comêreis	partíreis
falaram	comeram	partiram

Future Perfect

I will have spoken, etc.	I will have eaten, etc.	I will have left, etc.
terei falado	terei comido	terei partido
terás falado	terás comido	terás partido
terá falado	terá comido	terá partido
teremos falado	teremos comido	teremos partido
tereis falado	tereis comido	tereis partido
terão falado	terão comido	terão partido

Conditional Perfect

I would have spoken, etc.	I would have eaten, etc.	I would have left, etc.
teria falado	teria comido	teria partido
terias falado	terias comido	terias partido
teria falado	teria comido	teria partido
teríamos falado	teríamos comido	teríamos partido
teríeis falado	teríeis comido	teríeis partido
teriam falado	teriam comido	teriam partido

Subjunctive Mood

Present Perfect

Translations vary according to context.

tenha falado	tenha comido	tenha partido
tenhas falado	tenhas comido	tenhas partido
tenha falado	tenha comido	tenha partido
tenhamos falado	tenhamos comido	tenhamos partido
tenhais falado	tenhais comido	tenhais partido
tenham falado	tenham comido	tenham partido

Pluperfect

Translations vary according to context.

tivesse falado	tivesse comido	tivesse partido
tivesses falado	tivesses comido	tivesses partido
tivesse falado	tivesse comido	tivesse partido
tivéssemos falado	tivéssemos comido	tivéssemos partido
tivésseis falado	tivésseis comido	tivésseis partido
tivessem falado	tivessem comido	tivessem partido

Future Perfect

Translations vary according to context.

tiver falado	tiver comido	tiver partido
tiveres falado	tiveres comido	tiveres partido
tiver falado	tiver comido	tiver partido
tivermos falado	tivermos comido	tivermos partido
tiverdes falado	tiverdes comido	tiverdes partido
tiverem falado	tiverem comido	tiverem partido

SELECTED IRREGULAR VERBS

1. crer - to believe

Pers. Inf. - crer, creres, crer, crermos, crerdes, crerem
Gerund (Pres.Part.) - crendo
Past Participle - crido
Pres. Ind. - creio, crês, crê, cremos, credes, crêem
Pret. Ind. - cri, crêste, creu, cremos, crêstes, creram
Imp. Ind. - cria, crias, cria, críamos, críeis, criam
Fut. Ind. - crerei, crerás, crerá, creremos, crereis, crerão
Conditional - creria, crerias, creria, creríamos, creríeis, creriam
Simple Pluperf. - crera, creras, crera, crêramos, crêreis, creram
Pres. Subj. - creia, creias, creia, creiamos, creiais, creiam
Imp. Subj. - cresse, cresses, cresse, crêssemos, crêsseis, cressem
Fut. Subj. - crer, creres, crer, crermos, crerdes, crerem
Imperative - crê--crede

2. dar - to give

Pers. Inf. - dar, dares, dar, darmos dardes, darem
Gerund (Pres. Part.) - dando
Past Participle - dado
Pres. Ind. - dou, dás, dá, damos, dais, dão
Pret. Ind. - dei, deste, deu, demos, destes, deram
Imp. Ind. - dava, davas, dava, dávamos, dáveis, davam
Fut. Ind. - darei, darás, dará, daremos, dareis, darão
Conditional - daria, darias, daria, daríamos, daríeis, dariam

```
Simple Pluperf. - dera, deras, dera, déramos, déreis, deram
Pres. Subj. - dê, dês, dê, dêmos, deis, dêem
Imp. Subj. - desse, desses, desse, déssemos, désseis, dessem
Fut. Subj.- der, deres, der, dermos, derdes, derem
Imperative - dá--dai
```

3. dizer - to say, tell

```
Pers. Inf. - dizer, dizeres, dizer, dizermos, dizerdes, dizerem
Gerund (Pres. Part.) - dizendo
Past Participle - dito
Pres. Ind. - digo, dizes, diz, dizemos, dizeis, dizem
Pret. Ind. - disse, disseste, disse, dissemos, dissestes, disseram
Imp. Ind. - dizia, dizias, dizia, dizíamos, dizíeis, diziam
Fut. Ind. - direi, dirás, dirá, diremos, direis, dirão
Conditional - diria, dirias, diria, diríamos, diríeis, diriam
Simple Pluper. - dissera, disseras, dissera, disséramos, disséreis,
    disseram
Pres. Subj. - diga, digas, diga, digamos, digais, digam
Imp. Subj. - dissesse, dissesses, dissesse, disséssemos, dissésseis,
    dissessem
Fut. Subj. - disser, disseres, disser, dissermos, disserdes, disserem
Imperative - diz, dize--dizei
```

4. estar - to be

```
Pers. Inf. - estar, estares, estar, estarmos, estardes, estarem
Gerund (Pres. Part.) - estando
Past Participle - estado
Pres. Ind. - estou, estás, está, estamos, estais, estão
Pret. Ind. - estive, estiveste, esteve, estivemos, estivestes, estiveram
Imp. Ind. - estava, estavas, estava, estávamos, estáveis, estavam
Fut. Ind. - estarei, estarás, estará, estaremos, estareis, estarão
Conditional - estaria, estarias, estaria, estaríamos, estaríeis, estariam
Simple Pluper. - estivera, estiveras, estivera, estivéramos, estivéreis
    estiveram
Pres. Subj. - esteja, estejas, esteja, estejamos, estejais, estejam
Imp. Subj. - estivesse, estivesses, estivesse, estivéssemos, estivésseis,
    estivessem
Fut. Subj. - estiver, estiveres, estiver, estivermos, estiverdes, estiverem
Imperative - está--estai
```

5. fazer - to do

```
Pers. Inf. - fazer, fazeres, fazer, fazermos, fazerdes, fazerem
Gerund (Pres. Part.) - fazendo
Past Participle - feito
Pres. Ind. - faço, fazes, faz, fazemos, fazeis, fazem
Pret. Ind. - fiz, fizeste, fêz, fizemos, fizestes, fizeram
Imp. Ind. - fazia, fazias, fazia, fazíamos, fazíeis, faziam
Fut. Ind. - farei, farás, fará, faremos, fareis, farão
Conditional - faria, farias, faria, faríamos, faríeis, fariam
Simple Pluper. - fizera, fizeras, fizera, fizéramos, fizéreis, fizeram
Pres. Subj. - faça, faças, faça, façamos, façais, façam
Imp. Subj. - fizesse, fizesses, fizesse, fizéssemos, fizésseis, fizessem
Fut. Subj. - fizer, fizeres, fizer, fizermos, fizerdes, fizerem
Imperative - faz, faze--fazei
```

6. haver - to have

```
Pers. Inf. - haver, haveres, haver, havermos, haverdes, haverem
Gerund (Pres. Part.) - havendo
Past Participle - havido
Pres. Ind. - hei, hás, há, havemos, haveis, hão
Pret. Ind. - houve, houveste, houve, houvemos, houvestes, houveram
```

```
Imp. Ind. - havia, havias, havia, havíamos, havíeis, haviam
Fut. Ind. - haverei, haverás, haverá, haveremos, havereis, haverão
Conditional - haveria, haverias, haveria, haveríamos, haveríeis, haveriam
Simple Pluper. - houvera, houveras, houvera, houvéramos, houvéreis,
    houveram
Pres. Subj. - haja, hajas, haja, hajamos, hajais, hajam
Imp. Subj. - houvesse, houvesses, houvesse, houvéssemos, houvésseis,
    houvessem
Fut. Subj. - houver, houveres, houver, houvermos, houverdes, houverem
Imperative - há--havei
```

  7. ir - to go

```
Pers. Inf. - ir, ires, ir, irmos, irdes, irem
Gerund (Pres. Part.) - indo
Past Participle - ido
Pres. Ind. - vou, vais, vai, vamos, ides, vão
Pret. Ind. - fui, foste, foi, fomos, fostes, foram
Imp. Ind. - ia, ias, ia, íamos, íeis, iam
Fut. Ind. - irei, irás, irá, iremos, ireis, irão
Conditional - iria, irias, iria, iríamos, iríeis, iriam
Simple Pluper. - fôra, foras, fôra, fôramos, fôreis, foram
Pres. Subj. - vá, vás, vá, vamos, vades, vão
Imp. Subj. - fosse, fosses, fosse, fôssemos, fôsseis, fossem
Fut. Subj. - fôr, fôres, fôr, fôrmos, fôrdes, fôrem
Imperative - vai--ide
```

  8. ler - to read

```
Pers. Inf. - ler, leres, ler, lermos, lerdes, lerem
Gerund (Pres. Part.) - lendo
Past Participle - lido
Pres. Ind. - leio, lês, lê, lemos, ledes, lêem
Pret. Ind. - li, lêste, leu, lemos, lêstes, leram
Imp. Ind. - lia, lias, lia, líamos, líeis, liam
Fut. Ind. - lerei, lerás, lerá, leremos, lereis, lerão
Conditional - leria, lerias, leria, leríamos, leríeis, leriam
Simple Pluper. - lera, leras, lera, lêramos, lêreis, leram
Pres. Subj. - leia, leias, leia, leiamos, leiais, leiam
Imp. Subj. - lesse, lesses, lesse, lêssemos, lêsseis, lessem
Fut. Subj. - ler, leres, ler, lermos, lerdes, lerem
Imperative - lê--lede
```

  9. ouvir - to hear

```
Pers. Inf. - ouvir, ouvires, ouvir, ouvirmos, ouvirdes, ouvirem
Gerund (Pres. Part.) - ouvindo
Past Participle - ouvido
Pres. Ind. - ouço and oiço, ouves, ouve, ouvimos, ouvis, ouvem
Pret. Ind. - ouvi, ouviste, ouviu, ouvimos, ouvistes, ouviram
Imp. Ind. - ouvia, ouvias, ouvia, ouvíamos, ouvíeis, ouviam
Fut. Ind. - ouvirei, ouvirás, ouvirá, ouviremos, ouvireis, ouvirão
Conditional - ouviria, ouvirias, ouviria, ouviríamos, ouviríeis, ouviriam
Simple Pluper. - ouvira, ouviras, ouvira, ouvíramos, ouvíreis, ouviram
Pres. Subj. - ouça and oiça, ouças, ouça, ouçamos, ouçais, ouçam
Imp. Subj. - ouvisse, ouvisses, ouvisse, ouvíssemos, ouvísseis, ouvissem
Fut. Subj. - ouvir, ouvires, ouvir, ouvirmos, ouvirdes, ouvirem
Imperative - ouve--ouvi
```

  10. pedir - to ask

```
Pers. Inf. - pedir, pedires, pedir, pedirmos, pedirdes, pedirem
Gerund (Pres. Part.) - pedindo
Past Participle - pedido
Pres. Ind. - peço, pedes, pede, pedimos, pedis, pedem
```

Pret. Ind. - pedi, pediste, pediu, pedimos, pedistes, pediram
Imp. Ind. - pedia, pedias, pedia, pedíamos, pedíeis, pediam
Fut. Ind. - pedirei, pedirás, pedirá, pediremos, pedireis, pedirão
Conditional - pediria, pedirias, pediria, pediríamos, pediríeis, pediriam
Simple Pluper. - pedira, pediras, pedira, pedíramos, pedíreis, pediram
Pres. Subj. - peça, peças, peça, peçamos, peçais, peçam
Imp. Subj. - pedisse, pedisses, pedisse, pedíssemos, pedísseis, pedissem
Fut. Subj. - pedir, pedires, pedir, pedirmos, pedirdes, pedirem
Imperative - pede--pedi

11. perder - to lose

Pers. Inf. - perder, perderes, perder, perdermos, perderdes, perderem
Gerund (Pres. Part.) - perdendo
Past Participle - perdido
Pres. Ind. - perdo, perdes, perde, perdemos, perdeis, perdem
Pret. Ind. - perdi, perdeste, perdeu, perdemos, perdestes, perderam
Imp. Ind. - perdia, perdias, perdia, perdíamos, perdíeis, perdiam
Fut. Ind. - perderei, perderás, perderá, perderemos, perdereis, perderão
Conditional - perderia, perderias, perderia, perderíamos, perderíeis, perderiam
Simple Pluper. - perdera, perderas, perdera, perdêramos, perdêreis, perderam
Pres. Subj. - perca, percas, perca, percamos, percais, percam
Imp. Subj. - perdesse, perdesses, perdesse, perdêssemos, perdêsseis, perdessem
Fut. Subj. - perder, perderes, perder, perdermos, perderdes, perderem
Imperative - perde--perdei

12. poder - to be able

Pers. Inf. - poder, poderes, poder, podermos, poderdes, poderem
Gerund (Pres. Part.) - podendo
Past Participle - podido
Pres. Ind. - posso, podes, pode, podemos, podeis, podem
Pret. Ind. - pude, pudeste, pôde, pudemos, pudestes, puderam
Imp. Ind. - podia, podias, podia, podíamos, podíeis, podiam
Fut. Ind. - poderei, poderás, poderá, poderemos, podereis, poderão
Conditional - poderia, poderias, poderia, poderíamos, poderíeis, poderiam
Simple Pluper. - pudera, puderas, pudera, pudéramos, pudéreis, puderam
Pres. Subj. - possa, possas, possa, possamos, possais, possam
Imp. Subj. - pudesse, pudesses, pudesse, pudéssemos, pudésseis, pudessem
Fut. Subj. - puder, puderes, puder, pudermos, puderdes, puderem
Imperative - pode--podei

13. pôr - to put, place

Pers. Inf. - pôr, pores, pôr, pormos, pordes, porem
Gerund (Pres. Part.) - pondo
Past Participle - pôsto
Pres. Ind. - ponho, pões, põe, pomos, pondes, põem
Pret. Ind. - pus, puseste, pôs, pusemos, pusestes, puseram
Imp. Ind. - punha, punhas, punha, púnhamos, púnheis, punham
Fut. Ind. - porei, porás, porá, poremos, poreis, porão
Conditional - poria, porias, poria, poríamos, poríeis, poriam
Simple Pluper. - pusera, puseras, pusera, puséramos, puséreis, puseram
Pres. Subj. - ponha, ponhas, ponha, ponhamos, ponhais, ponham
Imp. Subj. - pusesse, pusesses, pusesse, puséssemos, pusésseis, pusessem
Fut. Subj. - puser, puseres, puser, pusermos, puserdes, puserem
Imperative - põe--ponde

14. querer - to wish

Pers. Inf. - querer, quereres, querer, querermos, quererdes, quererem
Gerund (Pres. Part.) - querendo
Past Participle - querido

Pres. Ind. - quero, queres, quere and quer, queremos, quereis, querem
Pret. Ind. - quis, quiseste, quis, quisemos, quisestes, quiseram
Imp. Ind. - queria, querias, queria, queríamos, queríeis, queriam
Fut. Ind. - quererei, quererás, quererá, quereremos, querereis, quererão
Conditional - quereria, quererias, quereria, quereríamos, quereríeis, quereriam
Simple Pluper. - quisera, quiseras, quisera, quiséramos, quiséreis, quiseram
Pres. Subj. - queira, queiras, queira, queiramos, queirais, queiram
Imp. Subj. - quisesse, quisesses, quisesse, quiséssemos, quisésseis, quisessem
Fut. Subj. - quiser, quiseres, quiser, quisermos, quiserdes, quiserem
Imperative - quer, quere--querei

15. saber - to know

Pers. Inf. - saber, saberes, saber, sabermos, saberdes, saberem
Gerund (Pres. Part.) - sabendo
Past Participle - sabido
Pres. Ind. - sei, sabes, sabe, sabemos, sabeis, sabem
Pret. Ind. - soube, soubeste, soube, soubemos, soubestes, souberam
Imp. Ind. - sabia, sabias, sabia, sabíamos, sabíeis, sabiam
Fut. Ind. - saberei, saberás, saberá, saberemos, sabereis, saberão
Conditional - saberia, saberias, saberia, saberíamos, saberíeis, saberiam
Simple Pluper. - soubera, souberas, soubera, soubéramos, soubéreis, souberam
Pres. Subj. - saiba, saibas, saiba, saibamos, saibais, saibam
Imp. Subj. - soubesse, soubesses, soubesse, soubéssemos, soubésseis, soubessem
Fut. Subj. - souber, souberes, souber, soubermos, souberdes, souberem
Imperative - sabe--sabei

16. ser - to be

Pers. Inf. - ser, seres, ser, sermos, serdes, serem
Gerund (Pres. Part.) - sendo
Past Participle - sido
Pres. Ind. - sou, és, é, somos, sois, são
Pret. Ind. - fui, foste, foi, fomos, fostes, foram
Imp. Ind. - era, eras, era, éramos, éreis, eram
Fut. Ind. - serei, serás, será, seremos, sereis, serão
Conditional - seria, serias, seria, seríamos, seríeis, seriam
Simple Pluper. - fôra, foras, fôra, fôramos, fôreis, foram
Pres. Subj. - seja, sejas, seja, sejamos, sejais, sejam
Imp. Subj. - fosse, fosses, fosse, fôssemos, fôsseis, fossem
Fut. Subj. - fôr, fôres, fôr, fôrmos, fôrdes, fôrem
Imperative - sê--sêde

17. ter - to have

Pers. Inf. - ter, teres, ter, termos, terdes, terem
Gerund (Pres. Part.) - tendo
Past Participle - tido
Pres. Ind. - tenho, tens, tem, temos, tendes, teem and têm
Pret. Ind. - tive, tiveste, teve, tivemos, tivestes, tiveram
Imp. Ind. - tinha, tinhas, tinha, tínhamos, tínheis, tinham
Fut. Ind. - terei, terás, terá, teremos, tereis, terão
Conditional - teria, terias, teria, teríamos, teríeis, teriam
Simple Pluper. - tivera, tiveras, tivera, tivéramos, tivéreis, tiveram
Pres. Subj. - tenha, tenhas, tenha, tenhamos, tenhais, tenham
Imp. subj. - tivesse, tivesses, tivesse, tivéssemos, tivésseis, tivessem
Fut. Subj. - tiver, tiveres, tiver, tivermos, tiverdes, tiverem
Imperative - tem--tende

18. trazer - to bring

Pers. Inf. - trazer, trazeres, trazer, trazermos, trazerdes, trazerem
Gerund (Pres. Part.) - trazendo
Past Participle - trazido
Pres. Ind. - trago, trazes, traz, trazemos, trazeis, trazem
Pret. Ind. - trouxe, trouxeste, trouxe, trouxemos, trouxestes, trouxeram
Imp. Ind. - trazia, trazias, trazia, trazíamos, trazíeis, traziam
Fut. Ind. - trarei, trarás, trará, traremos, trareis, trarão
Conditional - traria, trarias, traria, traríamos, traríeis, trariam
Simple Pluper. - trouxera, trouxeras, trouxera, trouxéramos, trouxéreis, trouxeram
Pres. Subj. - traga, tragas, traga, tragamos, tragais, tragam
Imp. Subj. - trouxesse, trouxesses, trouxesse, trouxéssemos, trouxésseis, /trouxessem
Fut. Subj. - trouxer, trouxeres, trouxer, trouxermos, trouxerdes, trouxerem
Imperative - traz, traze--trazei

19. ver - to see

Pers. Inf. - ver, veres, ver, vermos, verdes, verem
Gerund (Pres. Part.) - vendo
Past Participle - visto
Pres. Ind. - vejo, vês, vê, vemos, vêdes, vêem
Pret. Ind. - vi, viste, viu, vimos, vistes, viram
Imp. Ind. - via, vias, via, víamos, víeis, viam
Fut. Ind. - verei, verás, verá, veremos, vereis, verão
Conditional - veria, verias, veria, veríamos, veríeis, veriam
Simple Pluper. - vira, viras, vira, víramos, víreis, viram
Pres. Subj. - veja, vejas, veja, vejamos, vejais, vejam
Imp. Subj. - visse, visses, visse, víssemos, vísseis, vissem
Fut. Subj. - vir, vires, vir, virmos, virdes, virem
Imperative - vê--vêde

20. vir - to come

Pers. Inf. - vir, vires, vir, virmos, virdes, virem
Gerund (Pres. Part.) - vindo
Past Participle - vindo
Pres. Ind. - venho, vens, vem, vimos, vindes, vêm
Pret. Ind. - vim, vieste, veio, viemos, viestes, vieram
Imp. Ind. - vinha, vinhas, vinha, vínhamos, vínheis, vinham
Fut. Ind. - virei, virás, virá, viremos, vireis, virão
Conditional - viria, virias, viria, viríamos, viríeis, viriam
Simple Pluper. - viera, vieras, viera, viéramos, viéreis, vieram
Pres. Subj. - venha, venhas, venha, venhamos, venhais, venham
Imp. Subj. - viesse, viesses, viesse, viéssemos, viésseis, viessem
Fut. Subj. - vier, vieres, vier, viermos, vierdes, vierem
Imperative - vem--vinde